初中语文「读悟写」一体式教学

阳丽丽 / 著

东北师范大学出版社
长 春

图书在版编目（CIP）数据

初中语文"读悟写"一体式教学/阳丽丽著. —长春：东北师范大学出版社，2021.4
ISBN 978-7-5681-7616-3

Ⅰ.①初… Ⅱ.①阳… Ⅲ.①中学语文课—教学研究—初中 Ⅳ.①G633.302

中国版本图书馆CIP数据核字（2021）第070163号

□责任编辑：石　斌　　　　　□封面设计：言之凿
□责任校对：刘彦妮　张小娅　□责任印制：许　冰

东北师范大学出版社出版发行
长春净月经济开发区金宝街118号（邮政编码：130117）
电话：0431-84568115
网址：http://www.nenup.com
北京言之凿文化发展有限公司设计部制版
北京政采印刷服务有限公司印装
北京市中关村科技园区通州园金桥科技产业基地环科中路17号（邮编：101102）
2021年4月第1版　2021年5月第1次印刷
幅面尺寸：170mm×240mm　印张：15.5　字数：279千

定价：45.00元

前言 FOREWORD

从20世纪初中国语文学科建立以来，语文教学已经经过了一百多年的发展，中国语文教学取得了极大的进步，语文教学越来越走向课程、本体的轨道。初中语文教学也是如此，对比过去，初中语文教师的专业化水平也有了很大的提升。新课改背景下的初中语文教学应通过优美句段篇的阅读分析培养学生的语感、丰富学生的情感体验，促进初中生健康价值观的初步形成，培养学生的感知力和感爱力，促进学生良好鉴赏能力的形成。同时，语文教学中丰富的综合性学习与口语交际，是学生健康身心培养的重要组成部分。义务教育阶段是学生全面发展的基础阶段，初中语文学习阶段是培养学生初步形成核心素养和关键能力的阶段，在基础教育中拥有着绝对重要的地位。

基于此，笔者撰写《初中语文"读悟写"一体式教学》一书。全书在内容安排上共设置六章：第一章简述"读悟写"一体式教学的内涵、内容和模式；第二章简要论述"读悟写"一体式教学提出的背景即新时代背景下的教学观、语文学科核心素养、语文教学的重要地位与作用目标；第三章是"读悟写"一体式教学之前期教学技能探究，内容包括初中语文词语教学研究、初中语文口语交际教学研究和阅读与写作的研究；第四章梳理"读悟写"一体式教学的融通训练点、课程呈现范式、研究教学策略；第五章展示精读课、自读课、名著阅读课、单元整合作文课、主题作文课五个教学案例；第六章呈现价值观、传统文化、"读悟写"融通的三个研究报告，展示研究成果。

本书立足于当下新课程、新课标的教学理念，完整全面地研究了初中语文"读悟写"一体式的教学，前期多角度、多层次、多元化地论述了语文课程与教学的核心思想和实施策略，在此基础上论述"读悟写"三者之间的关系和"读悟写"一体式教学的实施，意在突出语文课程与教学的科学性、灵活性、实践性、创新性和开放性等，以期对初中语文教学的创新发展起到一定的推动作用。

笔者在撰写本书的过程中，得到了许多专家、学者的帮助和指导，在此表示诚挚的谢意。由于笔者水平有限，加之时间仓促，书中所涉及的内容难免有疏漏之处，希望各位读者多提宝贵的意见，以便笔者进一步修改，使之更加完善。

目录

第一章
"读悟写"一体式教学的概况

第一节 "读悟写一体式"教学的提出 …………………………………… 2
第二节 "读悟写"一体式教学研究内容特点 …………………………… 8
第三节 "读悟写"一体式教学模式的构建 ……………………………… 10

第二章
"读悟写"一体式教学之教学观学科观研究

第一节 新时代背景下的教学观 ………………………………………… 14
第二节 语文学科核心素养 ………………………………………………… 17
第三节 语文教学的目标 …………………………………………………… 24

第三章
"读悟写"一体式教学之前期教学技能探究

第一节 初中语文词语教学研究 ………………………………………… 34
第二节 初中语文口语交际教学研究 …………………………………… 45
第三节 初中语文阅读教学研究 ………………………………………… 53

第四节　初中语文写作教学研究 ·· 60

第四章
"读悟写"一体式教学的实施

第一节　"读悟写"一体式教学的融通训练点 ······························· 74
第二节　"读悟写"一体式教学的课程范式 ···································· 81
第三节　"读悟写"一体式教学的策略探究 ···································· 103

第五章
"读悟写"一体式教学案例

第一节　生命之美：生命恒久远，亲情永相随 ······························· 118
第二节　乡土之情：品读中感悟温度，感悟中写出温情 ··················· 128
第三节　社会之真："三"的怪圈，梦想与命运 ······························· 138
第四节　自然之妍：学写景物描写，感受自然之美 ·························· 152
第五节　童话之魅：角色扮演，品悟美好 ······································ 159

第六章
"读悟写"一体式教学项目研究报告

第一节　"读悟写"一体式教学"价值观"项目实验报告 ·················· 170
第二节　"读悟写"一体式教学"传统文化"项目实验报告 ··············· 190
第三节　"读悟写"一体式教学"仿读仿写"项目实验报告 ··············· 211

参考文献 ··· 237

第一章 「读悟写」一体式教学的概况

第一节 "读悟写一体式"教学的提出

一、"读悟写"一体式教学提出的背景

1. 部编教材的特点提出了新目标

教育部副部长朱之文在关于做好新教材培训讲话中强调:"要充分认识统编三科教材的在国家发展中的重要意义。教师必须准确的理解和把握统编三科教材的思想和内容,努力确保义务教育阶段的统编三科教材的顺利使用。"部编语文教材按照"整体规划,有机融合,自然渗透"的基本思路,尤其重视阅读和写作融合,阅读课文后面基本都设置了"积累与拓展"栏目,通过品味语句、积累文笔精华等题目,引导学生一点一滴积累语言材料。单元的阅读要点与单元的写作要点有相通的地方。阅读教学与作文教学是语文教学的两翼。阅读与作文虽然有着各自的特点和规律,但二者又有极为密切的联系。在语文教学中,阅读是作文的基础和前提,作文是阅读的升华和内化,二者相互联系、相辅相成。教师在教学中如果能够把在阅读教学悟方法,在悟的基础上进行作文训练,就能够将"读悟写"有效地结合起来,促进促进阅读和写作的共同提高。

2. 语文课程标准提出了新要求

语文课程标准规定教师要教给学生"应知应会"语文知识,训练他们"熟练掌握"认识世界、改造世界起着重要作用的能力,培养他们将来走向社会、适应未来"必不可少"的语文素养。终身学习,语文基本知识、语文学科思维、语言的运用与表达,伴随他们一身的"必不可少"本事。

新课改后,语文教学出现了一个极端:从之前的教师满堂灌到学生小

组合作讨论，从学生缺少自己独特的思考到学生的没有方向的思考都得到肯定，从完全遵从教材和权威到自由无边的创新解读。天马行空，信意由缰，，游离于对作品的品读和内涵的感悟，也是不尊重文本的表现。脱离了对文章的品读的合作探究其实是一种泛泛的低效的"自主、合作、探究式"学习方式。

所以语文教师要有效利用部编语文教材和课外读物，读写融通，读悟写一体，提高学生语文素养，为学生的终身发展打好基础。

3. 阅读写作教学及研究的现状

叶圣陶老先生提出过"学生的阅读和学生的写作是紧密联系的，如果一个学生的语文阅读水平提高了，那他的写作水平自然而然也会有所提高的。"著名记者、人民日报总编梁衡说："读是写之始，写是读之成。"读写融通是读写这个学科的本质特征。

但是读写结合具体应用在语文教学中的方法和策略直没有得到一致的认识。许多语文教师由于缺乏科学的理论指导和读写结合实践经验，对读写结合理解不透，忽视课文的特点，生搬硬套。盲目开展读写结合，造成读写结合教学的失误。而且近年来，中学语文教育界出现了"淡化文体教学"的呼声，忽视了对文体知识地讲解，从而造成了学生文体不明思维混乱，影响了语文素养的提高。

为了更好的落实语文课程标准，提高学生的阅读和写作水平，要实施"读悟写"一体式教学。

4. 认知心理学的研究成果，为读写能力训练的设计提供理论支持

知识内化为品格，在社会实践中表现为个体的能力。品格是个体在知识作用上所形成的比较稳定的心理品质能力，是品格的精神外显，是知识解码后的具体运用。

构成能力的基本要素是个体的经验，经验的逻辑过程，是个体形成品格品味和能力层次的基本依据，这一切都是个体社会实践的结果。

初级阶段的经验，主要表现在个体三个方面的完成：①对已学过的学科知识总体认识阶段的完成，随着知识的逐渐"解码"，知识的"休眠期"渐趋结束。②随着知识的使用范围和方法的基本确定，个体心理对知识的理解加深和知识内化为品格。③是知识初期阶段的畏惧感和好奇心初步完成，从而转入了新一轮的知识幻想和应用联想。

个体在第一阶段的经验，尽管知识的应用仍然停留在表象阶段，但心理上的知识坐标已经产生了应用后的效果。实践使个体承受的感觉和印象，不仅扎实学科知识在思维的根基，而且可能为改造世界和改造自我带来新的冲动和快感。正是这无数的实践的提示，个体驾驭知识的能力也就初步形成了。

"读悟写"一体式教学体系的建立，是以认知心理学的观点为理论依据，循序渐进，设计训练方案。

二、"读悟写"一体式教学核心概念的界定

"读悟写"核心概念的界定：

读：即阅读。以不同形式的"读"贯穿整个教学。课前导读、快速阅读、选点品读，研读探究、类文选读等。在课堂中，以关键字词为切入点，品味出语言文本中本真而丰富的内涵，濡养学生的语言诵咏鉴赏能力。重点研读，提升学生的思辨、概括、总结能力。不同的文章有不同的切入点和"读"侧重点，实施有不同的阅读方法。

悟：即感悟。"悟"是思维的发展，是读写的桥梁。在"读"的基础上"悟"，将"读"提升一个高度。运用各种思维能力，以课文文本为载体和依托，感悟语言之美、感悟表达之技巧、感悟人生人性、感悟文化内蕴、感悟生命之哲思，培养学生的感悟能力，提高学生的思维能力。

写：即写作。"片断仿写""主题再创""分类训练"。以语言表达能力训练为本，以"片断仿写"模仿和积累，以"主题仿写"为突破口，以"分类写作"为台阶，逐步提高训练难度，融通课文文体，一课两用，提高学生的写作能力。

"读悟写"一体式教学：在语文教学过程中，整体阅读感知、以关键词语品味鉴赏为切入点，重点研读，以语言文本为载体和依托，通过不同形式的读，引导学生感悟人生、领悟生命、总结写作技巧，进而用多种形式

的写作内化学生的思想，提高语文的综合素养。"读"是基础，是入情入境；"悟"是桥梁，心领神会；"写"是内化，交流表达；"读"是感性，"悟"是理性，"写"是再创造。"一体式"教学，就是将"读悟写"融为一体，实现语文的"听说读写"的基本目标。

三、"读悟写"与语文核心素养的关系

语文学科的核心素养：语言建构与运用、思维发展与提升、审美鉴赏与创造、文化理解与传承传承。"读""悟""写"是实现语文核心素养的基本途径和方法。

1. 读，语言建构和运用的基本途径

默读感知、品读感悟、研读探究、比对阅读，只有通过多种形式的"读"，才能积累语言、培养语感，才能整合语言、理解语理，才能在实际运用中有言可用，有语可发。在"读"中，去感受美、在"读"中去理解和感受文化的魅力。"读"是语文学习的前提，是语文学习之源头。

2. 悟，思维发展与提升的具体过程

直觉与灵感、联想与想象、批判与发现，都是在"读"中"悟"出。"悟"的过程就是思维发展与提升的过程，在"悟"中培养理解力、分析力、比较力、概括力、抽象力、综合力、推理力、论证力、判断力等语文思维的各种能力。"悟"中去提炼方法、把握情感、升入理解主旨。

3. 写，语文核心素养的具体呈现

"写"是语言的运用，包括"口头的写"和"书面的写"。有没有把握语文的基本知识和技能，"写"是最好的呈现，读出了美、悟出了美，感受到了文化的魅力，"写"出心中的美，"写"出对文化的感受，这是真正的认同，也是思维的最好践行。

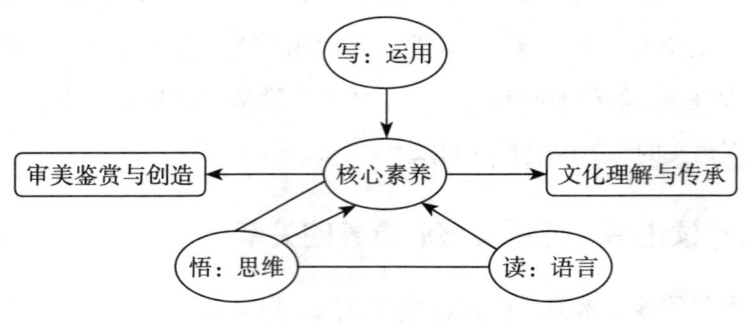

图1-1 "读悟写"与语文核心素养的关系

四、"读悟写"一体式教学的内涵和目标

（一）"读悟写"一体式教学的内涵

"读悟写"一体式教学是建立在语文学习的三种基本的手段和策略的基础上，阅读与写作形成一个整体，将课前、课中、课后形成一个整体，将语言的积累、思维的发展、成果的再创形成一个整体，将思维的记忆、理解、应用、分析、综合、评价和创造形成一个整体，为语文学习思维和能力的发展的连贯性、整体性提供了保证。

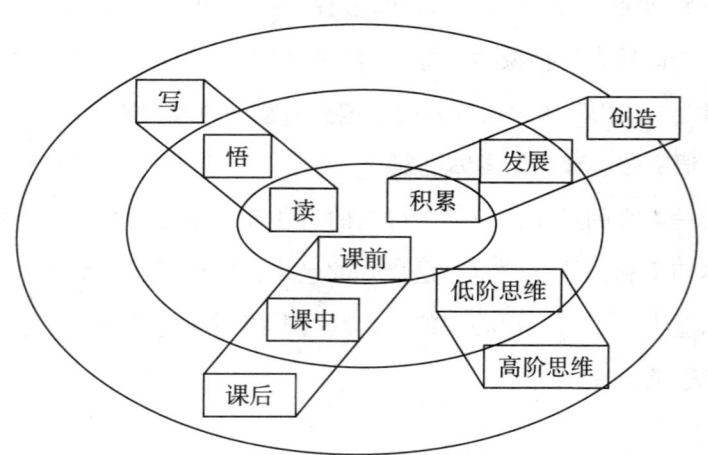

图1-2 "读悟写"一体式教学的内涵图

（二）"读悟写"一体式教学的目标

熟练的技能到了一定程度就会发展能力。语文教学必须在大量的语言实践过程中，培养学生查字典、朗读、默读、说话、听话、作文、写字等基本技能。让学生学会运用多种"读"的方法和基本的语言表达方式，掌握常用的思维方式，并且善于把自己独特的思维结果用规范的语言进行加工和表述，初步具备收集和处理信息的能力，能根据不同语言材料和不同交际场合适当地使用语言技能，最终形成良好的语感。在此基础上去感悟美、赏析美、创造美，去体会传统文化的魅力，进而去从内心认同和传承传统文化。因此，在"读悟写"一体式教学中，希望通过教学，让学生实现"三自"。

1. 实行自读

培养学生的自主意识，使学生具有肯定的自我态度和积极的学习情感，产生强烈的内在学习动机，通过不同形式的"读"，从熟读到感悟，从熟读到背诵，从而学会自主选择、筛选信息，根据写作的需要积极地阅读和吸收。

2. 实现自写

在阅读教学中逐步引导学生对自己的主体地位有正确的认识，努力创造能使学生实现自写的条件和机会，从而产生强烈的写作动机，自觉做到以读促悟，以悟促写，读写融通，在读写的反复训练中丰富知识，发挥个性，提高读写思创等方面的能力。

3. 实现自创

在读写结合中，尊重、培养、发展学生个性的独立性和独特性，引导学生解放思想，打破框框，求是（善于发现事物的内在规律性）、求佳（掌握事物规律的科学性），有坚忍不拔的精神，在学习创造的同时培养学生的健康人格。从而实现自我赏析、认同和传承文化。

第二节 "读悟写"一体式教学研究内容特点

一、"读悟写"一体式教学的研究内容

1. 探究"读悟写"一体式教学的课文融通点

"统编本"新教材中的"写作"板块紧邻"阅读"板块，且呈一一对应关系。这些"写作"板块在布置上紧邻"阅读"板块，在同一单元有相应的"范文"可以用来阅读和借鉴。梳理初中语文教材中阅读板块与写作板块的融合点，读文悟写，读悟写融通。

2. 探究"读悟写"一体式教学的课堂模式

建立语文教学"读悟写"之"三环六步"课堂模式：三环即"读—悟—写"，六步即"速度感知——品读体悟——研读剖析——总结提升——类文再读——以悟促写"，将"读""悟""写"融为一体。

3. 探究"读悟写"一体式教学模式在不同课型中的运用

语文课有不同的课型，阅读课、综合活动课、写作课，而"读""悟""写"在不同的课型中，语文课文教学和名著阅读教学、写作教学也是不同的，课堂模式在不同课型的实际操作中也会有所区别。在不同的课型中，灵活运用教学模式，才能使"读悟写"达到真正的一体化。

4. 探究"读悟写"一体式教学中如何提高教与学的有效性

"读""悟""写"相互依存，又各自独立，每条线的方法也都相同。在教学中，根据单元主题目标和课时目标，组织优化教学设计、选择和设计有针对性的"读悟写"的教学活动，借助"同课异构"等形式，提高语文课堂的教与学的效率，并形成可供借鉴的精品范例。

5. 探究"读悟写"一体式教学评价指标

尊重个体发展的差异性和独特性的价值，依据"读悟写"的规律，对教师、对学生的评价，在综合评价的基础上提出评价指标的多元化，发展化。

二、"读悟写"一体式教学研究内容的特点

1. 三本思想

以语言学习为本，以感悟思维为本，以写作运用为本，三本都是以学生为中心搭建起来，实现语文核心素养的一体式的语文教学。

2. 三种视角

课程的视角、教师视角与学生视角。任何一种教学实践都是建立在本课程的基础上，从本课程的基本规律出发，本课题就是以语文的核心素养为第一视角。教学实践的先行者是教师。教师要要将自己视为一个主导者，把握教材，策划活动，实践研究。实施的策略和途径站在学生的视角，充分尊重学生的个性体验，才能给予学生正确的价值引领。

3. 三条主线

"读"是基础，入情入境；"悟"是提升，心领神会；"写"是突破，交流表达。在阅读课程、活动课程、写作课程都达到"读悟写"三大主线和"教师、学生、课本"三个生命主体融为一体。

第三节 "读悟写"一体式教学模式的构建

一、"读悟写"一体式教学模式的界定

"读悟写"一体式教学模式，以提高学生语文素养为核心，以学生为主体，以教师为主导，以"读"为主线，以疑促读，以读促悟，以悟促写，让学生在"读"中"悟"，在"悟"中"写"，在多角度读中深化对文本的理解，从而感悟语言、感悟情感、感悟方法，形成良好的阅读能力与习惯。

二、"读悟写"一体式教学模式的步骤

"读悟写"一体式教学模式的操作程序可分为六步骤："速读感知——品读体悟——研读剖析——总结深化——类文再读——以悟促写"。

1. 速读感知——读的开端

课堂阅读都是从整体感知开始时。教师应该先从整体上让学生对文本有所了解，激发学生的学习积极性，唤起学习热情，为接下来的学习做好铺垫。让学生快速阅读，整体感知要学习的课文，让学生清楚文章的主要内容，从整体上感知课文的大意、结构和感情。教师需要提出有针对性的问题，引导学生思考，确定课文重点；学生根据自己对课文的感知，明确问题答案。

速度感知，要让学生养成良好的阅读习惯，看书拿笔圈点勾画，除了老师提出的问题，让学生自己感知精彩的有特点的字词句段，或对课文有疑问的地方，为下一步的品读和研读做铺垫。

2. 品读体悟——情的体验

让学生在阅品读中感悟，读出体会，品读感情。这一环节是重在语言的赏析，赏析人物、体会心理、悟出情感等，让学生选择自己喜欢的方式品读，也可以用不同形式地朗读，删减词语的对比品读、前后变化的对比品读，在品读出去体悟，在品读中感悟，让学生在品读中体会情绪的不同、情感的变化、方法的精妙，与作者的情感合二为一。

品读，教师的朗读指导非常重要，充分的利用电子朗读资源，名家的示范朗读可以带着学生入情入境。教师的朗读示范，让学生身临其境。通过朗读方法的点拨和朗读方式的设计，有时会让学生感动得热泪盈眶。

3. 研读剖析——读的深入

在品读感悟环节，学生有感情地朗读，不同形式的朗读，在此基础上，学生对课文有了更深的了解。教师要通过各种方式来引导学生，根据学生提出的重点内容，运用情境创设、问题反转等让学生对文章有进一步的思考，进一步研读课文，让学生的思维得以抒发。

研读剖析是围绕课文的重点难点而开展，在品读的基础上，进一步开拓学生的思维，更深入地去领会文章的内涵和主题。

4. 释疑深化——思的总结

释疑深化是"读悟写"一体式教学非常关键的环节，是整个课堂的桥梁。速读、品读、研读，多种形式的"读"后，感悟总结，深化学习，通过比对、归纳、概括等各种思维进行深化。这个环节，在学生的总结上，教师的点拨就更为重要。教师需要高屋建瓴，将学生归纳出来的要点，进行更加完整、有条理、具有可操作性。

释疑深化，同样对老师的要求也很高，在学生思维体悟总结的基础上，老师需要有更加精炼、准确、有规律的总结和提升。

5. 类文再读——思的延伸

类文再品，是在总结深化的环节的一个再认识，再投射，让"悟"更加深刻，更加具体。这个环节可以更加灵活一些，可以在学案上，学生自主阅读；教师也可以课堂与课文对比，随即点拨。类文再读，可以给下一个

"写"的环节增加更多的灵感和素材，让学生的思维更加开阔。

这个步骤，不一定每节课都需要。根据课型，根据教学的具体需要。同样，这个也可以在课后通过练习题的方式来实现。素材可以是整篇文章，也可以是一个片段，围绕教学目标，有选择的进行。

6. 以悟促写——思的呈现

以悟促写，读写相结合，是一体式教学的物化的环节。对于技法的运用，可以选择片段仿写；对于篇章结构，可以全文再写；对于主题情感，可以单元整合贯通。对于单元每一篇文章都对学生的写作有一定的启发，以悟促写，以写呈现学生的读与思。

写作的训练一定要有针对性，有层次、有梯度、有计划，形成三年的写作计划，逐步提升学生的写作能力。

语文是一门综合性、实践性很强的课程，主要学习对语言文字的运用技能，所以语文课教学必须要以培养学生语言文字运用能力为主要目标。以"读"为基础，以"悟"为桥梁，"写"来运用，彼此相互促进，相互融合，形成"读悟写"一体式教学。

第二章 "读悟写"一体式教学之教学观学科观研究

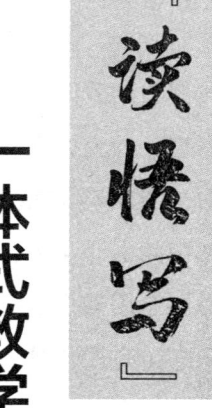

初中语文教学是义务教育阶段语文教学重要组成部分，对处于青少年阶段的初中生来说，初中语文教学是培养学生语文核心素养的关键时期。本章论述新时代背景下的教学观、语文新课程教学任务、语文教学的重要地位与作用。

第一节　新时代背景下的教学观

改革开放40多年以来，中国已经建起了当代世界规模最大的教育体系，我国教育的整体发展水平已经跃上世界中上行列。教师的观念也应顺着时代的潮流而改变，教师在教学过程中应与学生积极互动、共同发展，要处理好传授知识与培养能力的关系，注重培养学生的独立性和自主性，引导学生质疑、调查、探究，在实践中学习，促进学生在教师指导下主动地、富有个性地学习。教师应尊重学生的人格，关注个体差异，满足不同学生的学习需要，创设能引导学生主动参与的教育环境，激发学生的学习积极性，培养学生掌握和运用知识的态度和能力，使每个学生都能得到充分的发展。教师应当树立这样的教学观：

第一，倡导协作学习。师生之间、生生之间，以及师师之间的协作学习包括语言的沟通、情感的交流、思想的碰撞、心灵的连接等，从而培养学生的语言表达能力，行为组织能力，合作分享的能力，促进集体主义观念的形成。协作学习会增进师生之间的交往，营造融洽的课堂，构建和谐的师生关系，达到"亲其师，信其道"的效果，促进教学系统的可持续良性发展。使得教师在教学过程中与学生积极互动，从而促进师生共同成长的过程。

第二，注重教育的生活化。教学应该让学生融入生活中去，从学生感兴趣的事物中寻找教育的机会。"生活即教育、社会即学校、教学做合一"主张教育融入实际生活，在实际生活中培养创造性。生活具有教育的作用与意义，生活决定教育内容，教育为改造生活服务。源于生活的教育会为学生提供丰富的可感材料，激发学生的学习兴趣，让他们学习到更有价值的知识，培养了学生的能力。

第三，使学生会"学"知识。只有会学知识才能具有终身学习的能力。科学技术迅猛发展，知识更新速度惊人，学生在学校学习的知识肯定不够享用终身。为了使学生能够适应未来社会，根本方法就是通过一定数量的必要知识的学习，培养学生学会学知识的能力，实现"教"是为了"不教"，从教"学生学"到教"学生自己学"的转变。教师不但要让学生学会知识，更要抽出大量的实践来培养学生学习的能力。

第四，关注学生问题意识培养。提出问题比解决问题更重要，解决问题就是培养创造力。培养学生的问题意识能使学生主动去观察、去思考、去解决。教育的意义在于启迪学生运用自己的能力去发现、去探索，在此过程中培养学生问题意识。关注学生问题意识的培养，教师自己首先应该具有明确的问题意识，教师应该成为"问题专家"。

第五，尊重学生之间的差异。尊重不是指学生尊重老师，而是教师要尊重学生，要尊重每一位学生。由于遗传基因、家庭条件、社会环境和成长经历不同，每位学生形成了自己独特的内心世界。他们在爱好、需求、性格、气质等方面不尽相同，学生之间存在客观的差异，这样的差异是教育的基础和条件，也是学生发展的前提。教师应尊重学生之间的差异，有差异才有和谐，教师应把学生的差异当成一种财富和底蕴，让学生在差异间学会观察、学习与表达。

第六，创设学生主动参与的环境。主动来自人对事物与活动的兴趣，是学生积极参与学习活动的基础。学生仅仅是一个尚在成长之中的、潜在的发展个体，需要在外部的激励下才能发出自身的主动性与积极性，教师作为教学的主导者需要为学生创设主动参与的学习环境，激发起学生的学习热情。教学过程是教师"教"与学生"学"的双边活动，积极主动的"教"与积极主动的"学"之间相互促进，相辅相成，相互影响。

第七，最终目标是促进学生的全面发展。教学作为教育的基本活动，其目标应体现教育的最终培养目标与教育的前瞻性。教学的最终目标，体现学生的全面发展，从双基教学到三维目标，再到核心素养，培养目标的不断发展与深化，真实目的就是培养全面发展的人，促进学生的全面发展，即"先做人，后成才"。育人是个综合的系统工程，需要社会、家庭和学校多方努力。社会需要改变人才观、用人观，更好地营造育人风气。家庭教育至为关键，家长要正确教育子女，作为学校和教师来说，教育工作者应真正做到既会教书更会育人，要做真正的、完全的教育，把育人放在首位。

　　第八，提高教学反思能力。想要在日新月异的信息时代中应付自如，不但要有丰富的专业知识，掌握灵活的教学技能，还需要对教学过程不断地进行反思，从而找到不断改进与提高的途径。教师需要增强反思意识，形成反思习惯，加强系统的理论学习，多方沟通，及时进行反思与总结，这是对教师的基本要求，也是促进教师自身专业化发展的必经之路。只有立足于自己的教学实践，不断地进行反思，不断提高，才能成长为一名研究型教师。

第二节 语文学科核心素养

一、核心素养的理解

素，是指向来、一向，可以理解为本色、本质；养，是指一个人的修养、教养、培养。素，可以是一种为大多数所认可的准则；养，则是这种准则的具体体现。素，侧重先天的内在遗传基因、个性特征、性格倾向；养，侧重后天的外在教育、文化熏陶、生命历练。"素养"，就是指个体在遗传基因的物质基础上，受后天教育、培养而获得的能力和修养。广义上来讲，包括道德品质、外表形象、知识水平与能力等，在当今社会，人的素养的含义扩展什么叫"核心素养"？这是一个崭新的概念，首次出现在教育部印发的《关于全面深化课程改革，落实立德树人根本任务的意见》中，"核心素养"被置于深化课程改革、落实立德树人目标的基础地位。"核心素养"是指学生应具备的、适应终身发展和社会发展需要的必备品格和关键能力。综合表现为9大素养，即："社会责任、国家认同、国际理解、人文底蕴、科学精神、审美情趣、身心健康、学会学习、实践创新"。

二、语文核心素养的内容

1. 语言建构与运用

美国教育家杜威指出："语言是一种关系。"语言的产生是由于人与人之间交往的需要。语言建构与运用是指学生在丰富的语言实践中，通过主动的积累、梳理和整合，逐步掌握语言文字特点和运用规律，形成个体的言语经验，在具体的语言情境中正确有效地运用语言文字进行交流沟通的能力。

具体体现是应该能积累较为丰富的语言材料和言语活动经验，具有良好的语感；能在已经积累的语言材料间建立起有机的联系，能将自己获得的语言材料整合成为有结构的系统；能理解并掌握汉语言文字运用的基本规律，能凭借语感和语言运用规律有效地完成交际活动；能依据具体的语言情境有效地运用口头和书面语言与不同的对象交流沟通，能将具体的语言作品置于特定的交际情境和历史文化情境中理解、分析和评价；能通过梳理和整合，将自己获得的言语活动经验逐渐转化为富有个性的具体的语文学习方法和策略，并能在语言实践中自觉地运用。

2. 思维发展与提升

思维最初是人脑借助于语言对客观事物的概括和间接的反应过程。而思维品质，反映了个体智力或思维水平的差异，它具有深刻性、灵活性、独创性、批判性、敏捷性和系统性六个方面。

思维发展与提升是指学生在语文学习过程中获得的思维能力发展和思维品质的提升。

具体体现是应该能获得对语言和文学形象的直觉体验；能在阅读与鉴赏、表达与交流、梳理与探究活动中运用联想和想象，丰富自己对现实生活和文学形象的感受与理解，丰富自己的经验与语言表达；能够辨识、分析、比较、归纳和概括基本的语言现象和文学形象，并能有依据、有条理的表达自己的观点和发现；能运用基本的语言规律和逻辑规则分析、判别语言，有效地运用口头语言和书面语言与人交流沟通，准确、清晰、生动、有逻辑性地表达自己的认识；能运用批判性思维审视言语作品，探究和发现语言现象和文学现象，形成自己对语言和文学的认识；能自觉分析和反思自己的言语活动经验，进而提高语言运用的能力和思维的深刻性、灵活性、敏捷性、批判性、独创性。

3. 审美鉴赏与创造

审美鉴赏与创造是指学生在语文活动中体验、赏析、评价、表现和创造美的能力及品质。

美有一种超越现实的内涵，它会触动、感染了你，丰盈、滋润了人的内心，让人愉快。当以一种审美态度去欣赏事物，我们就进入了审美鉴赏的层次。"一千个读者，就有一千个哈姆雷特。"每一个人都是独特的，每个人对美的体验也是不一样的，每个人在审美鉴赏过程中都有创造性的独特发现。语文活动是人形成审美体验、发展审美能力的重要途径。在语文学习中，学生是通过阅读鉴赏优秀作品、品味语言艺术而体验丰富情感、激发审美想象、感受思想魅力、领悟人生哲理，并逐渐学会运用口头和书面语言表现美和创造美，形成自觉的审美意识和审美能力，养成高雅的审美情趣和高尚的品位。因此，审美鉴赏与创造是学生语文核心素养的重要组成部分，也是其语文素养形成和发展的重要表征之一。

具体体现是应该能感受汉语汉字独特的美，表现出热爱祖国语言文字的感情；能感受和体验语言文字作品所表现的形象美和情感美，能欣赏、鉴别和评价不同时代、不同风格的语言和文学作品，分析其思想情感和语言特点，具有正确的价值观、高雅的审美情趣和高尚的审美品位；能运用语言祖国语言文字表达自己的审美体验，表现自己对美好事物的情感、态度和观念。

4. 文化传承与理解

汉语中的字词很多都带有传统文化基因，有的明显有象征意义。从历史角度看，中国文化史是多民族发展的共生体，中国古代经历了数次民族之间的战争，汉语无形之中经历了多民族的激变、融合，这些因素影响了汉语文化的传承积淀。文化传承与理解是指学生在语文学习中，能继承中华优秀传统文化，理解、借鉴不同民族和地区文化的能力；以及在语文学习过程中表现出来的文化视野、文化自觉的意识和文化自信的态度。

语言文字是文化的载体，又是文化的重要组成部分。学习语言文字的过程，也是文化获得的过程。通过语言文字的学习，实现文化的传承与理解是语文核心素养的重要组成部分，也是学生语文素养形成和发展的重要表征之一。

具体体现是应该能借助语言文字，体会中华文化的博大精深、源远流长，继承中华优秀传统文化，理解并认同中华文化，形成热爱中华文化的感情，提高道德修养，增强文化自信；能借助语言文字的学习，初步理解、包容和借鉴不同民族、不同区域、不同国家的文化，尊重多样文化，吸收人类文化的精华；能关注并积极参与当代文化传播与交流，在运用祖国语言文字的过程中，提高自己的文化自觉，初步形成对个人与国家、个人与社会、个人与自然关系的思考和认识，树立积极向上的人生理想，增强为民族振兴而努力的使命感和社会责任感。

三、语文核心素养的内涵解读

1. 语文四大核心素养的关系

语文核心素养的四个方面，是相依相生，相互融合，相互促进，相得益彰的共生关系。

语言的建构与运用是语文核心素养的重要组成部分，也是语文素养整体结构的基础层面。学生语文运用能力的形成、思维品质与审美品质的发展、文化的传承与理解，都是以语言的建构与运用为基础，并在学生个体言语经验的建构过程中得以实现的。学生语言建构与运用的水平是其语文素养的重要表征之一。

语言的发展与思维的发展语文核心素养的两翼，两者相互依存，相辅相成。因此，思维发展与提升也是学生语文核心素养的重要组成部分，在语文积累的基础上，形成语文的基本思维，归纳、对比、总结等。没有思维的形成，语言的积累就是死板的。而思维是审美的鉴赏与创造的凭借，建立在一定思维的审美和创造，才会正确的有价值的审美和创造。

审美的鉴赏与创造提升语言和思维的品味和价值。有了语言的基础和思维的参与，让审美有依托，有思辨，有价值。而审美的鉴赏和创造，让语文美起来，审美素养，让个体对美进行选择、判断、评价和创造，有利于正确的价值、人生观的形成。审美是思维的提升，增加了语文和思维的趣味。

文化的传承和理解是语文核心素养的最高层面。语言的建构和运用为文化的传承和理解提供了依托，文化的传承和理解使语言的建构和运用更厚度和广度。文化素养是一个人内在的比较稳定的品质，是多个知识的综合，包括人的文化视野、文化意识和文化态度，文化的传承和理解是语文的建构和运用的人文内化。

2. 语文核心素养体现语文学科的性质

语文核心素养是语文学科中最具学科本质、最能体现语文学科价值的关键素养。语文学科有其自身的性质，以语文核心素养为目标的语文教育必须符合这一本质特点，语文核心素养应体现语文学科的性质，否则就不能称其为真正的语文核心素养。语文学科性质的准确定位是正确提出语文教育目标、提高语文学科教学质量的前提，是找到语文学科真正发展之路的重要保证。

语文学科的独立设科意味着有自己作为一门学科的根本的、固定的、不以人的意志为转移的内容。作为一个重要科目，它的地位并非是某人或某个权力机构所赋予的。语文学科存在最基本的、稳固不变的东西，那就是语言——这里的语言是指中国人的母语。语文教育就是以语言为根本的学科教学，语文课程的本质属性就是语言性。语言性作为核心，可以涵盖语文学科教学的所有目标。语文学习的实质是实实在在的东西，语言是语文学科的核心依托，因为语言，语文才论及工具性，因为语言，语文才论及人文性，语文课程的一切附属特点都是由语言的本质属性所衍生出的其他特点。

语文学科就是培养学生语言素养的一门学科，这一认识从认识论或方法论的角度讲，直接揭示语文学科的本质。所以语文核心素养突出体现语言性，这才是符合语文学科的本质要求。

3. 语文核心素养是三个维度的综合表现

语文核心素养应是语文知识、语文技能、语文态度三个维度的综合表现，既不能忽视语文知识、语文技能的作用，又不能忽视语文态度的重要作用。语文核心素养是以语文知识和语文技能为基础的，更重要的是融入了情感、态度、价值观。这一超越语文知识和语文技能的内涵，能够很好地纠正过去忽略情感态度价值观的语文教育的缺失。

为了形成能够适应终身学习和社会发展需要的具有语文学科特点的必备品格与关键能力，缺少了必备的语文知识做基础是不可能实现的。2011年版的《义务教育语文课程标准》相较于2001年版的《义务教育语文课程标准（实验稿）》，在第三部分"实施建议"中，多出了关于语法修辞知识的实施建议这一部分，在"学段目标与内容"中涉及语音、文字、词汇、语法、修辞、文体、文学等多元的课程内容。并指出指导和点拨的目的是为了帮助学生更好地识字、写字、阅读与表达，形成一定的语言应用能力和良好的语感，而不在于对知识系统的记忆。语文知识是语文课程最直接的制约因素，没有语文知识做基础的语文核心素养是不稳定、不完整的。语文核心素养引领的语文课程改革，应该继续保持语文知识教学的适度回归。

语文知识的运用形成语文技能，语文技能是通过反复实践在学生个体身上形成的较为稳固的语文活动方式。一般认为语文技能表现在听、说、读、写四个方面，后来又加入了思。技能中往往积淀了一定的语文知识、蕴含了一定的语文思维。有人把语文技能分为语文动作技能和语文心智技能，语文动作技能指外部动作方式的语文技能，如能书写规范工整的汉字；语文心智技能指兴趣、联想等内部心理活动方式的语文技能。按照语文课程标准的模块划分，有识字写字、阅读、写作、口语交际、实践运用等技能。还有更简洁地划分，信息输入即阅读技能、信息输出即表达技能。教师要做的不仅仅是让学生掌握语文知识，还要让学生消化吸收运用语文知识，提高必备的语文技能，语文技能熟练到一定程度形成语文能力，这一过程语文知识得到内化、语文能力得以养成，而语文能力是语文核心素养的终极追求之一。

情感、态度、价值观是语文核心素养中非常重要的一个维度。教育的功能不只是传授间接经验，也包括对学生情感、态度、价值观的培养。知识和技能武装出来的不一定是人，有可能是机器，只有获得情感、态度、价值观的熏陶洗礼才能成为和谐发展的人。价值观是判断是非的标准，语文学习过程中，传递着几千年的传统美德、几代人的理想追求和美好品质。文以载道，道就是价值观，语文核心素养的养成要有价值观作为支撑。情感、态度、价值观这一维度，可以简称其为态度维度，态度是个体对特定对象所持有的稳定的心理倾向，蕴含着个体主观评价及由此产生的个体行为倾向性。语文态度的养成要通过语文学习，同时语文态度是形成品格的重要元素，推动着语文核心素养的发展和提升，是语文核心素养形成和发展的原动力。

4. 品格和能力是语文核心素养的形成形态

形成适应终身学习和社会发展需要的具有语文学科特点的必备品格与关

键能力，是语文核心素养形成的体现。语文核心素养通过语文知识、语文技能、语文态度三个维度的整合，最终内化为解决实际问题所需要的必备品格与关键能力。在特定的语文学习过程中获取语文知识和语文技能并运用适当的方法内化为能力，把情感、态度、价值观内化为品格，能力和品格的形成标志着语文核心素养的养成。

语文知识是语文教学活动的起点，语文教学活动不能离开语文知识，当然语文核心素养的形成也离不开语文知识。教学过程地顺利展开，人的成长发展，知识都是必不可少的。但是语文教学不能仅仅止于知识，人的全面发展更不能仅仅限于掌握知识，教学的根本目的以及人的发展的深刻内涵是素养的养成。所以，语文教学是通过知识的学习来提升语文核心素养的，掌握知识不是最终的目的，品格和能力即素养的形成才是语文教育的最终目的，才是人得以发展的内涵所在。将通过语文教育而获得语文知识，转变成通过语文知识来获得语文教育，才是真正的语文教育。

语文知识是语文核心素养的载体，语文知识不能直接转化成为语文核心素养，对知识的复制、记忆、理解、掌握都不能形成素养。通过语文活动，在此过程中对语文知识进行加工，进而消化吸收，并运用语文学习方法，对语文知识和语文技能进行内化、升华形成能力。情感、态度、价值观体现语文学科的知、情、意、行，作用于学生的精神世界，内化为学生的品格。情感、态度、价值观和语文知识、语文活动一道，形成语文核心素养。

语文核心素养是语文知识、语文技能、语文态度的整合，是各维度的要素综合作用的结果。内化、积淀、养成都需要一个过程，语文核心素养既指向最终的状态，又指向形成过程，教师关注学生的语文核心素养就要关注整个过程。教育的对象是人，关注人的成长发展过程。以语文核心素养为目标的语文教育关注学生的品格和能力的修习涵养，充分体现了学生的主体地位。

总的来说，语文核心素养是语文学科本质的体现，是语文知识、语文技能、语文态度三个维度的综合表现，最终内化为学生必备的语文品格和关键的语文能力。

第三节 语文教学的目标

一、语文课程目标与语文教学目标的区别与联系

课程目标是按照国家的教育方针，根据学生的身心发展规律，通过完成规定的教育任务和学科内容，使学生达到培养要求的目标。它受教育目的的制约，是总的人才培养目标的具体体现，是课程编制、课程实施和课程评价的准则和指南，是课程标准中的重要部分。语文课程目标是从语文学科的角度规定的人才培养的具体规格和质量要求。

教学目标是教学活动所预期的结果，或是预期的学习活动要达到的标准，多指通过某一具体的教学活动所要达到的某一具体的、可见的行为结果。

1. 语文课程目标与语文教学目标的区别

课程目标与教学目标的不同之处体现在各个方面。首先，课程目标与教学目标的制订者不同。前者的制订者是国家教育行政部门、学者专家和教师，由多方代表共同完成，主要是为课程教学确定一定的教学方向，课程目标的制订对学科各个方面的考虑更加全面，综合了影响学科的各个方面，对学生的个性化学习也有所考虑，同时还立足于社会发展的实际；教学目标的制订者是教师，主体较为单一，与课程目标相比更加具体，具有适用性和灵活性的特点。其次，课程目标与教学目标在范围方面也不同。课程目标的范围与教学目标的范围相比更广泛，在课程编制中，课程目标起到重要作用，为课程的编制也提供了一定的参考，而教学目标是教师制订的，范围较小。

课程目标与教学目标在很多方面都存在一定的差异，教学目标是课程目标的具体化，教学目标的制订需要符合课程目标的方向和要求。课程目标是

上位概念，而教学目标是课程目标的具体化。教师根据课程目标制订教学目标，根据学生学习水平等的不同，教师确定科学合理的教学目标，教师在确定教学目标的过程中，更多的是以具体的学习学习情况为主，并且能够根据不同的情况进行灵活地调整。而课程目标一旦确定，一般无法进行频繁的调整，主要起宏观指导作用，教学目标具有较强的实效性和实践性，对"教"与"学"有着直接的指导意义。

2. 语文课程目标与语文教学目标的联系

首先，课程目标与教育目标虽然存在差异，但是二者也是相辅相成的，有着密切的联系，课程目标能够为教学目标提供制订的方向，二者的方向是一致的，都将国家制定的教育目标作为总目标，无论范围大小，都必须符合特定教学环境下的教学要求。

其次，就具体的语文学科而言，教师的"教"和学生的"学"与语文课程目标之间的关系是非常密切的。语文课程目标对于语文教学有方向性和规定性的作用，统率着教师的"教"和学生的"学"，而教师的"教"则要根据语文课程目标去确定具体的教学任务和寻求合理而恰当的教学方法；学生"学"的结果，又要逐渐体现课程目标的达成情况。可见，两者关系密切，是不可分割的。

二、初中语文教学目标的主要功能

教学目标的主要功能有以下三个方面：

1. 导向功能

教学目标作为目标的一种，其本身就具有导向作用，能够提供一定的发展方向。教学目标能够为教学活动提供一定的方向性，使教学活动能够有序进行，同时能够确保教学活动与国家确定的教育总目标相一致。在开展教学活动的过程中，教学能够使教学活动自觉有意义地进行，也能够规范教学活动中不符合教育总目标的事物，从而有利于提高教师的教学质量和水平。

2. 激励功能

教学目标的制订与学生有着密切的关系，在一定程度上能够激励学生学习，促进教学活动的顺利开展。当教学目标与学生的兴趣相符合时，学生的学习目标将与教学目标相一致，将会把教学目标作为自身学习的目标，而此时的教学目标能够满足学生学习的需要，学生会为了实现教学目标而不断努力。因此，教学目标的制订要充分考虑学生的兴趣，才能发挥其导向作用。

3. 标准功能

教学目标是教师为开展教学活动所制订的目标，其标准功能主要体现在教学评价中。在教学评价中，教师教学活动的效果是否良好要看其是否达到了教学目标，这也是教师教学质量和水平的评判标准之一，所以，教学目标具有标准功能。

三、初中语文教学的三维目标

（一）新课程三维目标的内涵

根据课程改革的要求，各学科都要关注学生的综合素质，这一轮课程改革对语文课程的目标和内容进行了重大的调整，加强了整合，将育人的目标纳入学科教育的目标体系中。这样，除了知识和技能目标之外，语文课程目标中也出现了思想观念、情感态度、品位趣味等需要经历较长时间体验、感悟、内化的"柔性"目标。语文新课程标准的目标建立了"三个维度"的模型：知识和能力、过程和方法、情感态度和价值观。这三个维度基本上涵盖了目标分类研究中被广泛认同的三个领域：认知领域、动作技能领域和情感领域。

1. 认知领域——知识与能力

知识是一种结果，是一种收获，是指人类生存所不可或缺的核心知识和学科基本知识，具有被证实、被相信和真实的特点。在教学过程中，教师要通过科学的教导，让学生能够快速掌握知识；技能指获取、收集、处理、运用信息的能力、创新精神和实践能力，终身学习的愿望和能力，是基本知识的运用能力。不同的学科具有不同的知识与能力目标，教师要根据不同的学习阶段和内容制定目标，要确定学生在某一阶段需要掌握哪些知识，在能力方面需要有多大的提升，此外，不同的知识与能力目标实现所需要的时间不同，有的目标能够在短期时间内实现，而有的目标则需要较长的时间。

2. 动作技能领域——过程与方法

在动作与技能领域中，过程与方法目标是指学生获取知识的过程和方法，教师在这一过程中需要让学生感受学习过程，在学习过程中学会方法。过程指学生在学习环境中的交往、体验；方法是指学生学习的手段和方式，具体包括自主学习、合作学习、探究学习、发现式学习、小组式学习、交往式学习等。为了实现这一目标，教师需要通过对学生进行科学的指导，让学生学会有效率的学习，要引导学生在学习的过程中进行创新，培养学生的创新能力，与此同时，过程与方法目标实现的过程也就是知识与能力这一结果性目标形成以及发展的过程，整个学习过程都需要教师进行合理的规划。

3. 情感领域——情感态度与价值观

情感不仅指学习兴趣、学习责任，更重要的是乐观的生活态度、求实的科学态度、宽容的人生态度，教学目标中的情感是个体以实际行动追求真实、美好目标时的内心体验，是一种感情指向和情绪体验，例如学习兴趣与学习热情。态度是指个体对某一特定对象所持有的评价和内在反映倾向，例如学习态度、责任、求实的科学态度、正确的人生态度、积极乐观的生活态度等。价值观是个体对客观事物的意义和重要性的评价和看法，既包括个人的价值，也包括社会价值，更重要的是个人价值和社会价值的统一。除此之外，还有科学价值与人文价值的统一，人类价值与自然价值的统一。从而使学生内心确立起对真善美的价值追求以及人与自然和谐和可持续发展的理念。情感态度与价值观，是人对亲身经历过事实的体验性认识及其由此产生的态度行为习惯，是对互动教学中心理因素的功能性要求。情感、态度与价值观三者之间有着密切的关联，情感是个体对所经历过事物的一种心理体验，有积极的和消极的情感体验；态度是人内心情感的表达，情感决定态度，情感态度是学生学习优劣的重要制约因素；价值观决定了人们的情感态度，而积极的情感态度有助于确立正确的价值观。情感态度与价值观目标对师生互动教学过程与方法的优劣有极其重要的影响和制约作用，教师要引导学生以积极的情感、态度和正确的价值观使学生养成良好的行为习惯。

（二）新课程三维目标之间的联系

新课程的"三维"目标是相辅相成、相互交融、相互渗透的。三个维度，三个支撑，形成立体的三维空间。知识与能力是进行学习、进行探究活动、获得方法的基础；而过程和方法是获取知识、形成能力并形成正确的情感态度和价值观的有效途径；情感、态度是学生探求知识与形成能力的原动力，对知识的获得与能力的形成将产生巨大的影响；价值观则是正确落实各种目标的导向标。因此，从整体上看，情感、态度、价值观、方法以及知识的获得过程与能力的形成过程伴随始终。

三维目标在课堂中应该是融为一体的，在确定语文教学目标时，要注意几点：首先，知识与能力目标是基础性目标，是课堂教学的常规性任务，必须明确、具体，让学生每节课都有实实在在的收获；其次，过程与方法目标要实在，要重视让学生自己去体验和探究，要与知识和能力目标紧密结合，不能游离于具体的教学内容和教学任务之外，更不能为过程而过程，为方法而方法；最后，情感态度与价值观目标应该是熏陶感染式的，不能成为标签，不能像讲解知识点那样"教"给学生。只有将三者有机融合并渗透在课堂、课外学习活动中，才能使"三维"目标和谐地得到落实。

（三）新课程三个维度目标的层次划分

按照学生的学习经验来看，新课程三个维度目标涵盖的内容可做如下的划分：

1. 认知领域的层次划分

认知领域的目标一般分为知识、理解、运用、分析、综合、评价6个层次。各个层次分别包含以下内容：

知识：字词识记，汉语知识，文章知识，写作知识，文学知识及文化常识等。

理解：词语理解，句子理解，内容理解，作者创作意图理解等。

运用：遣词造句，用有关知识解释说明，运用已有知识独立作文，运用不同方法改写、缩写、扩写、读写课文，运用已掌握的阅读方法自己阅读课外书籍等。

分析、综合：指出重要词语在语言环境中的意义和作用，指出不同文体、不同文学样式的区别，指出不同写作方法的特点，提出疑问并解决问题。

评价（欣赏）：阅读文学作品有自己独特的感悟和自己的情感体验，读出自我；仔细品味作品中富于表现力的语言，能从不同的视角对同一作品提出自己的观点。

2. 技能领域的层次划分

技能领域的目标主要包括观察、模仿、练习、适应4个层次，涉及的内容包括：查字典、书写、朗读、默读、口语交际等。

查字典：能熟练地使用字典，会用多种检字方法。

书写：在使用硬笔熟练地书写正楷字的基础上，学写规范、通行的行楷字，提高书写速度。

朗读：能用普通话正确、流利、有感情地朗读；能读准轻重、快慢、语调与语气。

默读：阅读一般现代文每分钟不少于500字。

口语交际：能注意对象和场合，文明得体地进行交流；能根据对方的话语、表情、手势、眼神等，理解对方的观点和意图；能清楚、连贯、不偏离话题地表达自己的观点；讲述见闻，内容具体、语言生动；复述转述，完整准确、突出要点；能就适当的话题做即席讲话和有准备的主题演讲，有自己的观点，有一定的说服力；课堂内外讨论问题，能积极发表自己的看法，有中心、有根据；能听出讨论的焦点，并有针对性地发表意见。

3. 情感领域的层次划分

情感领域目标在语文学科中包括：接受、反应、价值倾向、品格形成等。

接受：能欣赏名言佳句，对文章所阐述的思想有同感，对作品中人物命运有共鸣，能按教师的要求口头或书面回答问题等。

反应：能说出从文章中获得的美的体验，朗读能准确地表达出作品的情感，能模仿情节中角色的言行及文章的写作特点，说话、演讲注意表情和语气、有感染力等。

价值倾向：对课文所描述对象的是非、美丑能进行鉴别，对作品中所展示的真善美能产生某种价值感和认同感，能根据自己的价值标准对课文做出某种情感反应，能对文中的假丑恶进行鞭挞进而引发对美好生活的追求等。

品格形成：能把课文中某个人物形象内化为自己的生活偶像，能把课文中的某个哲理内化为生活的准则，写作中能写出自己的独特感受和真切体验，能够就作品中英雄人物的背景激发出崇高感、正义感与使命感。

四、初中语文教学目标制定的要求

在实际教学过程中，要想研制出合适的课堂教学目标，还需在研制过程中协调好几对既对立又统一的关系。

1. 教学目标系统性与独立性的统一

系统性就是说语文教学目标应该形成一个有层次性、连续性的循序渐进的目标系列。从前面目标的层次中可以了解到，语文教科书的教学目标按纵向从大到小分，依次是总目标、学段目标、年级目标、学期目标、单元目标和课文目标。教学目标具有一定的系统性，不同的学习内容需要确定不同的教学目标。同时，各个阶段的教学目标需要考虑学生的知识基础和学习水平，要首先实现小的教学目标，依次推进。此外，教学目标的缺点并不是凭空想象的，而是要根据具体的学科情况进行制定，对于初中语文学科而言，教师在确定教学目标时，要充分考虑课文目标的实际，也要考虑到课文所在的整个单元，课文目标要与单元目标相一致。教学目标的独立性是指对于每一个学科中的教学目标而言，都是分开的独立的整体，每个目标都有不同的地方。

在确定教学目标的过程中要确保教学目标系统性和独立性的统一，教学目标是由不同系列的目标共同构成的，例如在语文教学目标中既有课文目标，又有单元目标，二者共同属于同一系列的教学目标。每一个教学目标的确定都要立足于客观实际，要从教学实际出发，要考虑到每一个单元目标之间的联系，在实现目标的过程中要循序渐进。

2. 教学目标预设性与生成性的统一

一方面，教学是有目的、有计划、有组织的活动，它的运行需要一定的程序，预设目标是其内在的要求；另一方面，新课程倡导开放互动的教学，倡导学生的自主参与，使课堂教学成了一个不断生成的师生交往过程，这其中必然会出现和教师预设的教学目标不一致甚至相冲突的情况。这就要求教师能尊重学生，灵活面对，珍惜课堂中即时生成的宝贵课程资源，及时果断地做出恰当的判断，对预设的教学目标做出调整和改变，促使教学往有利于提高学生语文素养的方向发展。

3. 教学目标确定性与模糊性的统一

无论什么学科都有各自的教学目标，语文也有特定的教学目标，语文教师需要通过各种科学、合理的教学方式开展教学活动，在教学过程中，教师要根据教学目标确定教学活动的方向，要按照一定的客观实际进行教学。同时，语文教学活动并不仅仅是让学生学会知识，还要教会学生社会生活中的一些基本技能和文化。

因此，语文教学，尤其是阅读教学，有不少是属于感受性的。不仅情感陶冶、人格培养、审美教育要依靠感受，而且语言在很大程度上也需要感受。这些都无法做确定的分析和判断，自然也没有确定的表征，这就使语文的一些教学目标带有模糊的特点。再加上语文学科是一门人文学科，好多东西很难量化，很难测得准，自然也就不太容易用语言表达。但是，这种感受型的、体验型的目标不仅确确实实存在，而且由此而带来的意味和体验，还会存留于教师的经验之中。

4. 教学目标单一性与综合性的统一

多目标即无目标。任何一种纳入教学体系的教学材料，都有自己服务于该体系的训练侧重点，从这点上讲，语文教学目标必须是单一的。所谓"一课一得"正是教学目标单一性的体现，它反映的是语文教学的重点。但语文教学目标的单一性与语文教学内容的综合性又是矛盾的。

为了使二者和谐统一，必须对教学内容进行认真研究，就其最主要之点提出教学目标，语文教学目标的综合性则指它的确定兼顾了目标的三个维度，是三维目标的综合体现。

5. 教学目标整体性与复现性的统一

语文教学目标具有整体性的特点，在国家规定的语文课程目标中，对学生语言运用能力、阅读理解能力、表达能力等都有要求，通过语文教学让学生在学习知识的同时，提高学生的语文素养，能够根据语境正确使用各类词语，掌握文字和词语的基本规律，能够在整体把握课文内容和结构的基础上，领会文章中的思想和情感，学会抓住特征，教师在语文教学过程中要注重培养学生的独特感受体验与创造性理解能力。

语文教学不仅仅是学习知识，更是对实践的指导，也是一门实践性学科，需要学生具备一定的语文实践能力，这也是语文教学的目标之一。语文教师在教学过程中要积极引导学生进行知识与实践技能的学习，要给予学生指导，让学生在学习过程中亲身实践和操作。让学生能够边学边用，学以致用才是学习的意义。

第三章 "读悟写"一体式教学之前期教学技能探究

第一节　初中语文词语教学研究

一、初中语文词语教学的重要性分析

学生语言能力的形成、提高离不开词语的运用、积累。对于语文词语来讲，它们自身承载着一定的文化价值、文化内涵，通过语文词语学习，学生能够充分领悟到中华民族传统文化的意义、价值，从而提高文化水平，提升文化素养。当然，这一能力的提高少不了语文词语教学的重要性。初中语文词语学习处于高中、小学之间，这一阶段的字词学习不仅需要掌握一定的字形、字音等知识内容，还需要学习字词的具体含义，从而应用到实际生活中。

（一）词语教学是初中语文教学的重要组成部分

语文学科承载着中华民族几千年的传统文化，包含着一个民族热爱祖国语言文字的思想感情。因此，在语文课程教学过程中，学生不仅能够积累丰富的语言知识，发散自己的思维，培养自己的语感，还可以提高口语交际能力、写作能力、阅读能力以及识字和写字能力，从而准确应用到现实生活中。由此看来，词语教学是初中语文教学中一个重要组成部分。

在语文教学过程中，学生可以培养自己的识字、写字能力，这也是写作能力、口语交际能力以及阅读能力等语文语言能力形成的前提。在小学阶段，教师通常教导学生认识单个语言汉字；而在初中阶段，教师逐步开始转向字、词相结合的教学，强调词语教学的重要性，满足学生语言表达能力、思维发展能力提升的需要。小学阶段的单个文字教学并不能让学生正确掌握其内涵和意义，也不能表达某个事物的概念，他们所表达的思想感情大多没有逻辑，不能很好地参与到写作活动和口语交际活动中，因此，初中词语教学对学生的成长发挥着极为重要的作用。具体来讲，初中语文词语主要是由单个、多个文字组合形成的，是识字、写字教学活动的延续。另外，学生在对词语深入理解时，首先需要理解其中的单个文字，因此，初中语文教学也需要进行识字写字教学，从而奠定词语教学的基础。

（二）词语教学是后续语文教学的基石

一篇完整的文章是由大量的句子组成的，而这些句子又是由文字、词语的组成的。词语根据相应的语法规则组合在一起，由此构成了可供读者阅读的文章。而对于一篇优秀的文章来讲，不仅需要作者具有较强的语言表达能力，还需要其有较高的遣词造句能力，这些都离不开丰富的词汇量，另外，学生通过一定词语知识的掌握，还能够充分理解整篇文章的写作思路以及所表达的思想感情，感悟词语在一定语境中的作用、意义，了解词汇在特定语言环境中的具体含义。

在初中语文课本中，重点生字词通常罗列在文章之后的专题中，但语文教师却不能只关注这些生字词的读写层面，而应该综合考虑阅读教学、词语教学，将文字、词语放在特定的语言环境中进行分析，以达到对其词汇含义的深入理解。同时，学生也可以对文章所要表达的思想感情、意义和内涵得到深入的感悟，从而使自己的阅读理解能力得到提升。另外，这种教学模式也可以使学生对文章进行通读，突破文章中生字词的障碍，从而对字形、字音以词义等方面得到进一步掌握，积累大量语言素材。

学生写作能力、口语交际能力的培养离不开丰富的词汇量，学生在词语学习过程中能够不断积累大量的词汇，拓展自己的词汇量，并且对特定语言环境中的词语得到准确理解，更加形象、生动地表达自己内心的想法。

（三）词语教学是初中教育评价机制的现实要求

对于我国各省市语文中考来讲，词语的考察是其中最重要的一项内容。例如，在重庆市的中考语文科目中，就把词语在特定语境中的具体含义、正确应用、词义、字形以及字音等方面作为重点考察对象。由此看来，词语的考察是中考语文科目中不可缺少的部分，教师应在语文课堂教学中加强词语的教学，提高词语应用能力。

另外，教师应在语文课堂教学过程中加强对学生语言文字应用能力的培养，提高学生的书面表达能力、口头表达能力。随着科技的快速发展和社会的不断进步，时代发生了极大的变化，人与人之间的交流也日益密切，因此人们需要具备较强的语言表达能力，从而准确表达出自己的思想，促进社会的和谐。另外，在现代社会，口头语言的使用越来越普遍，使其拥有了更高的要求，因此，学生应在语文教学过程中提高自己的语言表达能力，从而将某些词语准确应用到实际生活中。这不仅体现了学生自我成长、发展的需要，还促进了学生核心素养的大大提升。通过自己刻苦努力、长期的积累训练，学生大大提升了自己语言应用能力和表达能力。

（四）词语教学促进初中生的思维发展

初中阶段是学生身体、心理全面发展的重要时期，也是青年、儿童两者之间的过渡阶段，心理学则将这一阶段界定为少年期，而学生在这一阶段能力、智力等方面的提升是最快的。另外，对于这一阶段来讲，学生的记忆力得到了迅速的发展，他们开始有意识地对知识等方面进行深入理解和记忆。因此，教师应在这一阶段充分发挥学生的这种特性，通过在词语、句子、段落以及文章等方面的大量背诵，学生能够掌握一些词语的使用规律，积累优秀的语句段落，培养自己的语感，从而提高语言表达能力、词语运用能力。学生思维方式的形成、发展离不开语文词语的学习，两者相互依存、相互促进，共同作用于学生的成长。对于一个人的思维来讲，它主要以语言符号这种形式来表现的，人们可以通过语言符号的使用来了解其思维发展状态和发展方向。词语是语言的一种重要材料，也是某一种事物的外部活动，它能够对学生的内部活动产生极为重要的影响，从而促进学生思维能力的发展。因此，语文教师应在词语教学中加强词语应用能力的训练，从而培养学生的思维能力，提升其语言应用能力、表达能力。

语文课堂时间比较有限，并且课本中的生字、词语数量庞大，教师不可能进行全面、细致的讲解，也不可能将所有的知识传授给学生，因此，学生很难了解到每个词语的意义以及词性，而达不到良好的教学效果。教师可以在教学活动中培养学生的分析能力，让学生定期对学习到的词语进行分类，便于词语含义的掌握。教师可以罗列出一个大致的分类情况，然后再由学生、小组填充相应的词语，最后整理、归纳。具体来讲，词语种类可以分为色彩、词性以及音节等方面，学生可以依据这种形式，对词语进行分类整理，从而更加全面、细致地掌握词语，提高思维能力。

二、初中语文词语教学策略

语文词语教学应在特定的语言环境中进行，学生不仅因此能够积累大量的词语，还能够准确地将其应用到各种语言环境中，从而达到对字形、字音以及词语含义深入的理解，提高语文核心素养。

（一）以"培育语文核心素养"为理论指导

在语文教学活动中，教师应该强调学生语文核心素养的发展，并且通过词语教学来提升学生的语言表达能力、应用能力。核心素养的形成主要通过以下几个方法：

第一，学生可以通过文章中的句子掌握词语的具体用法。在特定的语言环境中，学生能够积累各种丰富的词语，促进学生对词义、色彩等方面的深入理解，提高其语言审美能力。

第二，学生应在学习过程中逐步了解白话文、文言文之间的界限，从而能够更加准确地应用到各种语言场景中。

第三，学生在学习活动中不仅需要积累大量的词汇，还需要对词语之间的反义词、同义词以及近义词等关系进行深入了解，扩充自己的词汇量。当然，这一过程需要学生在特定的语境中进行考察，进而提高语言表达能力。

第四，语文承载着丰富的中国传统文化内涵，尤其是一些具有历史文化背景的词语，他们具有丰厚的文化底蕴。学生通过对其使用效果、具体语境进行研究分析，能够加强自己的语言组织能力，从而提升文学素质、文化修养。

第五，学生可以在写作活动中增强遣词造句能力，充分发挥每个文字、词语独特的魅力，提高自己的写作水平。

第六，学生应在学习、生活中综合考虑普通话、方言的使用，探究两者不同的表达效果和其中的联系、区别，从而达到两种语言形式的准确应用。

第七，学生应从词语的学习过程中探究其背后所蕴含的中华优秀传统文化内涵，从而激发其对汉语词语、祖国的热爱，提升自己的语文核心素养。

在实际生活中，语文基本能力和基础知识是进行各种活动不可或缺的一部分。对于语文核心素养来讲，它强调人文性、工具性两者的有机结合。教师可以根据语文学科的特点和学生的具体情况，开展满足学生全面健康发展的教学活动，从而使学生能够准确地将词语应用到具体语境中，促进其审美鉴赏能力、思维能力以及语言表达能力的提高。另外，学生在语文词语教学活动中还能够积累大量的词汇，并达到对其色彩意义、词义的深入理解，提高语言应用能力，从而促进自身语文核心素养的提升。初中阶段是学生身心发展的关键时期，并且具备较高的记忆能力，要想为高中阶段的学习奠定坚实的基础，语文教师应加强学生在文化修养、审美能力、思维能力以及语言能力方面的训练，以"培养语文核心素养"为指导方向，促进词语教学活动的有效展开。

（二）坚持初中语文词语教学四项原则

1. 注重"双基"目标落实

《国务院关于基础教育改革与发展的决定》提出：实施素质教育应当体现时代要求。要重视培养学生，使之具有适应终身学习的基础知识、基本技能和方法。在义务教育阶段要注重对学生"双基"的培养，提升学生的综合能力。由此可见，"双基"依然是初中语文课堂教学的基本目标之一。教师在制定课堂教学目标时依然应该着眼于"双基"目标，以"字、词、句、段、篇"的基本知识和"听、说、读、写"的基本能力培养为根本出发点和落脚点。因此，词语教学应以扩大学生词汇量，提高词语运用能力为目标，切实落实"双基"教学目标。

2. 关照学情差异

诚如世界上没有两片完全相同的叶子，存在于自然界的人、动物、植物都有其自小就带有或在后天环境影响下形成的个性，学生也是如此。同样的教学环境下，不同学生的接受力、理解力都不同，这就要求，教师在备课过程中，要尊重学生之间存在的普遍差异性，在遵守学科课程标准和教学目标的前提下，因材施教，给学生足够的理解和包容，细致入微地引导其自主学习、自主思考，使中华民族优良的道德传统和悠久历史文化内涵在学生身上得到弘扬，提高学生的综合素质，使其更适应于不断发展变化的人类社会。

3. 遵循现代汉语词语自身特点

汉语言文字是中文的记录符号，距今已有六千年历史，是全球使用时间最长、没有断层的文字。从殷商时期的甲骨文到后期的金文、小篆、隶书等，再到现代汉字，它承载着中华民族上下几千年的历史文化积淀，更是民族灵魂的纽带，连接着世界文化不断向前发展。词语是一种语言里的词和固定短语，它是语言的基本组成部分。初中是语文知识积累的重要阶段，词语学习又是语文学习的一个及其重要的方面，要明确认识到，现代汉语发展至今，有其独特的魅力和特点，以下分别从音、形、义三方面入手，体会汉语词语的无限魅力。

（1）现代汉语词语明显的双音化特点。

现代汉语词语的双音化特点是其区别于古代汉语的标志之一，它不仅拓宽了汉语的发展道路，适应了社会发展需求和交际需求，对多音节化的现代汉语词语发展趋势也产生了一定的影响，如宇宙航天简化成航天，中际导弹简称中导等。随着科学技术的迅猛发展，国与国之间的经济、文化、政治等往来日渐密切，双音词逐渐在单音节词、多音节词中凸显出来，成为沿用最多的一类词语。《现代汉语词典》作为学生语文学习必备的参考资料，和课堂教学一样，对双音词的收录也是最多的，这就要求教师在语文教学过程中，重视对双音词的教学，重视培养学生运用双音词的熟练程度。

（2）现代汉语中存在着大量同音词。

在汉语的形成历程中，受古今语音的演变和外来词汇的影响，出现了很多语音相同但意义不同，且意义之间不存在某种联系的词，我们称之为同音词。《现代汉语词典》（第五版）中收录的所有10863个单音字中是词的只有4901个，43171个双音节词中，同音词有7915个，同音词数量多、难理解等特点决定了学生在学习同音词的过程中，必须理解每个词的不同词义，更要求教师在教学过程中，要设置不同的情境、语境，让学生更直观、立体地理解同音词的不同意义，从而让学生灵活、准确地运用于口语、写作中。

（3）现代汉语词语系统中存在着大量的同义词和近义词。

与同音词不同，在语文教学和现代汉语语库中收录较多的另一类词——同义词和近义词，针对"义"而存在，即词语所表达的意义相同或者相近。《义务教育课程标准》提出：现代社会要求公民具备良好的人文素养，具备包括阅读理解与表达交流在内的多方面的基本能力。而注重对同义词和近义词的教学与区分，就成为了教师培养学生阅读和理解能力，以及学生进行语言文字学习的重要内容。词不离句，句不离篇，这里的句和篇指的都是具体的语境，也就是说要在具体语境中学习句子和词语。以干枯和干涸为例，教师在教学过程中，可以假定情境——昨夜大风呼啸而过，地上落满了（　　）的树叶。首先明确讲解两个近义词的意义，然后将两个词带入到具体语境中，体会两个都有"干"的意义的不同词语在特定语境下的使用方法，让学生进行理性判断。

（4）现代汉语词语的词义丰富多彩。

词语的意义包括词的本义、引申义、比喻义，一个词最初的含义就是本义，以本义为出发点，根据它所反映的事物或现象的各个特点，在词语的发展过程中又会产生若干与本义相关但并不相同的意义，这就是词语的引申义。此外，随着社会的发展和时代的进步，词语的意义也处于长期发展中，部分词语就带有了一定的感情色彩，用于表达褒奖、表扬或者是贬低、鄙视的不同感情意味。比如词语"尾巴"，最早的时候，它指的是动物身体的一部分，随着时代的发展，"尾巴"开始用于形容某一派别或者某一个人的追随者，而社会大众往往对这种追随者抱着鄙视的态度，这就是词语意义与时代发展相结合而被赋予的时代内涵。此外，在不同语境中使用某些词语，该词语还具有一定的语体倾向、特征，我们称之为语体色彩，具体表现为：口头使用的词语，通俗易懂、平易朴素，如"哥们""溜达"等，书面使用的词语，庄重典雅、讲究分寸，如"造诣""斡旋"等，时政使用的词语，态度严谨、语气正规，如"改革""体制"等。

4. 联系音、形、义以沟通句、段、篇

（1）联系音、形、义。

"树大得根实，菜好得叶茂"，在语文考试中，要想取得好的成绩，就必须把日常的语文阅读和词汇积累掌握得扎实，而很多学生之所以语文成绩不理想，是因为欠缺扎根"做学问"的精神。在现代汉语中，词语的音、形、义往往是一致的，错误搭配不同词语的音、形、义，如同张冠李戴，就会造成学生对于词语理解和使用的混乱，这也是词汇积累不扎实的重要表现。提高学生的语文成绩，增加学生的语文知识储备是重要的方法，除了学生要自主学习、自主思考、自主记忆之外，还需要教师在语文词汇教学上更加严谨，把词语的音、形、义综合在一起教学，既要让学生记住词语的读音，更要让学生知道词语表达的意义，以及在具体语境中的使用方法，只谈读音，不讲意义，或只讲意义，忽视词语的记忆，脱离其中任何一项，而单独教学其他两项内容，都不能让该词语在学生的脑海中有清晰的理解，何谈提高学生的语文素养和知识水平？

汉字是表意体系的文字，具有同一偏旁部首的词语往往词义相关。如："足"字旁的字，意义多与脚及脚的动作相关，如"蹭""踱""蹬""蹒跚""踌躇"等；"目"旁的字，意义常与眼睛相关，如"瞥""俯瞰""瞬息"等；"忄"的字，意义常与心理活动相关，如"懊悔""愧怍""热忱"等，教师在教学的过程中，若能充分利用词语形义之间的这一联系来教学词语，则能触类旁通，举一反三，达到事半功倍的效果。

汉语词语中有大量形似音近的词语，把这些词语联系起来进行对比教学，也是词语教学的重要方法之一。如"咄"和"拙"是初中阶段学生应掌握的基本词语，教师在教学这两个词语时，可以充分利用"咄""拙"在字形上的区别和联系来辨析词义和读音。"咄"，"口"旁，其义与嘴相关，常用来指人发出的嗟叹声，如"咄咄逼人"，音"duo"；而"拙"为"寸"旁，因此其义跟手的动作相关，如"拙劣""弄巧成拙"，音"zhuo"。

（2）沟通句、段、篇。

词语教学是初中语文教学的重要内容，是巩固识字水平、夯实阅读和写作基础、培养学生听、说、读、写能力的重要方法。斯米尔诺夫曾说:"词语只有在获得感性的个人涵义而不是单纯的作为'客观意义'存在的时候,它才能成为人类个体生命活动中的一个生气勃勃的细胞。"因此,在语文词语教学过程中,教师一定要打破教材的桎梏,为学生理解词语含义、掌握词语设置相应的语言环境,通过组词、造句的方法,使学生熟练掌握词语多方面含义。

而在文章中理解词语的含义更加不容忽视,因为词语教学的目的,归根到底还是要应用在具体的写作和口头表达上,脱离写作环境和口头表达环境,单独地去理解词语含义,显然会让词语理解失去"地气"。综合多种词语教学方法,放手让学生边学边思考,才能培养学生的创新思维和逻辑思维,提升其整体性、综合性素质和语言应用能力。

三、初中词语教学常用方法

(一)联通文言文与白话文

文言文是用以古代汉语口语为基础的书面语言组成的文章,主要包括以先秦时期的口语为基础形成的书面语言。白话文是汉语书面语的一种,是在唐宋以来,在口语的基础上形成的通俗表达的书面文章。二者都是汉语的两大书面语言系统,是中华民族悠久历史的记录载体,是在历史发展和时代进步中不断进化、发展而来的,虽然在这个过程中,有些文言词汇已经不再使用,如"之子""矣"等,但文言文中的部分成语至今仍在使用,如"塞翁失马,焉知非福",所以现代汉语教学与学习必须与文言文学习有机结合,只有这样才能让学生全面地理解汉语的魅力。

具体到现代汉语教学过程中,就要求教师既要培养学生对古代汉语词汇的积累,使学生既能记得住,又要道理清,既要懂得使用方法,又要重视学生思维的拓展,使其能接受古代汉语,了解古代汉语的深层次意义,做到古今相互结合、共同进步。

(二)联通普通话与地方方言

普通话是以北京语音为标准音,以北方话为基础方言,以典范的现代白话文著作为语法规范的现代标准汉语。方言是一种独特的民族文化，带有地域色彩，是一个地方人民生活和智慧的凝结。虽然随着国家大力推广普通话，很多外国人开始说中国话、中国地方方言，初中语文教材课文中也有收录很多地方话，但仍要明确认识到，普通话的根基来源于方言，二者不可分割，脱离方言谈普通话，或者脱离普通话只讲方言都是不全面的。

此外，需要说明的是，在普通话尚未能覆盖中国的各个角落时，方言才是更多学生接触的环境，尊重各民族、各地方的方言特色，鼓励学生在写作和口语交际中恰当使用方言，既能增加文章的生活气息，对于地方方言特色的普及也是一种好的途径。

（三）以核心词语为抓手

初中语文教学是学生从小学到高中的过渡期，不同于小学语文教学，初中语文教学侧重于由一字一句的认知过渡到对段落、文章整体的理解，而这个过程的过渡需要丰厚的语文知识积累，比如句型分析、断句等，更少不了的就是字、词语的积累。资料显示，我国有将近10万个汉字，《现代汉语常用字表》收录的汉字有3500个，而要想使初中语文教育取得显著成果，学生语文知识水平和阅读理解水平显著提高，就需要教师从词海中确定核心词语，针对性地进行初中语文词语教学。

在教学中确定核心词语和一般词语，首先要依据学生的实际情况，其次要结合选文内容，再次是根据课时进行统筹安排。从选择到确定，必然有所取舍、合并，这样才能抓住真正核心的词语。例如，《藤野先生》一文的核心词语就包括：①由学生提出生字难词；②教师选出的易错词语；③与表现藤野先生形象密切相关的词语。准确把握每篇课文的核心词语，在很大程度上能帮助教师明确词语教学的内容，提高词语教学效率，也能帮助学生积累丰富的语言材料，拓展词语量，更快更好地理解作者的语言表达技巧及思想感情。

（四）基于语用视角进行词语教学

"读万卷书，不如行万里路"，从记住词语的读音、字形，到知晓词语的含义，再到巩固词语的记忆，最后到合理、正确地运用词语，这是英语词汇学习的基本步骤，这同样适用于初中语文词语教学。但是需要认识到，学得再多，都是为了最后能灵活运用，"纸上得来终觉浅"，由单纯的记忆、机械的考试升华到灵活地运用到生活实践中，让学生懂得在具体的语言环境中，用生动、形象、具体、正确的词语或语句进行表达，这将成为初中语文教学的努力方向。

而要做好这一步，可以从以下几方面入手：

第一，兼顾词语记忆与使用。虽然灵活运用词语进行个人思想和情感表达是学习词语的最终目的，但同时也要重视对词语的记忆，只会说、不会写，只会写、不识字都会影响灵活运用词汇的效果。

第二，撰写小短文。在语文词语教学过程中撰写短文，不仅可以让学生将所学词语融会贯通，组词成句，更能在短篇文章这种表达形式中，自己设定语境应用词语，实现自我设限、自我考察、自我理解、自我改正，进而提高表达能力。

第三，制作学生词语手册。教师创新教学方式来增加学生的词语知识储备，对于学生来说，学到的东西终究是有限的。发挥学生个人的主观能动性，多留意生活，多积累词语素材，制作个人专属的词语手册，不仅可以增加自己的词汇量，更能提升学生的整体素质。

第二节　初中语文口语交际教学研究

一、初中语文口语交际教学的重要性

　　口语交际不是简单的听和说的相加，而是一个以听、说为核心的交际双方互动的过程。口语交际作为与识字、写字、阅读、写作、综合性学习并列的一项内容，其重要地位与作用更加彰显。它标志着我国中小学听说教学上了一个新的台阶。

　　口语交际能力是现代公民的必备能力。应培养学生倾听、表达和应对的能力，使学生具有文明和谐地进行人际交流的素养。加强学生口语训练，提高学生的口语交际能力，是凸显语文学科特点的需要，更是培养新世纪高素质人才的需要。

　　现代社会中口语交际的优势与特征及其所占据的重要地位，已经成为重视和培养学生口语交际能力的时代要求。

二、初中语文口语交际课堂教学策略

　　口语交际教学是初中语文教学的重要组成部分。新课标从社会发展的角度出发，从提高学生的品德修养和审美情趣，使他们逐步形成良好的个性和健全的人格出发，科学有序地定位了口语交际，使之与识字、写字、阅读、写作、探究性学习，共同构成了课程的目标体系，成为语文教学中不可缺少的重要组成部分。课程总目标中明确规定学生要具有日常口语交际的基本能力，在各种交际活动中，学会倾听、表达和交流，初步学会文明地进行人际沟通和社会交往，发展合作精神。因此，初中语文教学必须重视口语交际教学,切实提高学生的倾听、表达和应对能力,使学生具有文明和谐的进行人际交流的素养。这也是本次新课改的重要内容之一。对此,教师在语文课堂教学实施过程中应当采取以下教学策略:

(一)整合口语教学资源

学生阶段是口语交际能力形成的关键期,现代化教育背景下,对综合性、全素质人才的培养势在必行。但目前来说,口语教学资源尚且存在重视程度低、资源利用过于单一、与其他教学资源整合度低等问题。整合学科教学资源,设计多样化口语教学形式,符合现代化口语教学的要求。

首先,充分利用课内有限时间。把握科学的教育观,让学生去感受口语表达的快乐,表现在课内,就是要把口语交际和其他读、写等相结合,通过灵活使用教材,丰富授课方式及学生接受课堂信息的方式,为口语交际搭建绿色、"饱满"的平台,增添其"地气",扩大其在学生接纳方面的积极影响;

其次,合理规划课外无限空间。"在特定环境中进行"是口语交际教学的一个重要方面,只有把教学的切入点"下沉"到学生熟悉的情景或情境中,合理地设置教学内容和教学方式,才能避免忽视学生在真实、形象的体验中发挥其解决问题、沟通表达的能力。与此同时,教师作为课程内容的设计者,同样也是课程内容的参与者,要把自己放到具体情境中去,帮助学生发现问题,与学生进行良性、平等的口语交际,满足学生能力素养发展的需求。

(二)开辟口语交际教学新途径

语文口语交际教学应在一种开放性、实践性很强的环境中进行:

1. 专题调研

专题调研是以学生共同认可的话题或者事件为调研对象,经过主题讨论、明确方向、撰写开题报告、搜集素材、实地考察、调研结果表达的实践过程。在这个过程中,主题的确定,需要学生们各抒己见,表达自己的想法和看法,甚至是对于他人的论点进行评价,在这个过程中,调研方向被明确,调研形式被确定。而在实际调研的过程中,搜集素材、实地考察、调研结果总结研讨都需要学生具备一定的独立思考能力和口语交际表达能力，对于口语交际处于不同层次的学生来说，都是一个很好的锻炼和加强的机会。

2. 访谈与座谈调查

访谈或座谈，顾名思义，就是访问和交谈，是通过访谈对象与被访谈对象的接触谈话，获取被访谈对象关键信息的过程，需要访谈对象提问和被访谈对象作出回答来完成，所以这种形式其实也是一个口语交际的过程，需要双方具备一定的口语交际能力。由教师定期组织不同类型对象的访谈或座谈，从为访谈或座谈做的前期"功课"——调研被访问对象的背景或具体情境，确定访问形式、录音笔等工具准备，到访问或座谈的正式开展，以至于到后期针对每次访谈或座谈效果的经验分享、问题总结、解决方案制定等，对于培养学生口语表达和口语自信，提升其发现问题、提出问题、交流问题、解决问题的能力有重要作用。

3. 主题辩论

课堂上的小组讨论旨在通过对于同一问题的各抒己见，来探讨问题的答案，或者是精神内核，而主题辩论的重点在于围绕同一题目，从正反两方面进行讨论，其结果不再是重点，重要的是通过这样明确一个主题，学生们发散思维的培养和自我表达能力的提升。辩论的过程就是一个互相"刺激"的过程，从搜集信息到确定题目，到发现问题，再到分析问题，最后解决问题，学生的创新意识得以"觉醒"，但主题不定，可以基于课本内容，或走进生活，可以是学生们日常关注的兴趣点，或是枯燥的时政要点，可以是学生们学习的经验之谈，或是生活趣事背后的内涵与升华，整合不同类型的主题，就是实现社会资源和课堂资源的有机融合，既让学生们把书"读进去"，又要引导学生们跳出书本，多多体验现实生活，在这样的过程中，学生自我表达的意识会逐渐加强。

4. 多样化的校本模式

以学校自身实际情况为基础、以教师自主设计为主体的校本课程形式随着课程多样化进程进一步加快而产生，重点在于开发具有彰显本校特色、培养学生兴趣和积极主动性的多样化课程内容，如艺术类院校可以丰富表演课、主持课、舞蹈课、戏剧课等内容，播音主持类院校可以增加主持人比赛、演讲比赛、新闻小记者等内容，让学生兴趣得到最大化呈现。以表演和影评为例：

角色表演是学校综合考虑校园实际，结合学生意愿和教师意见，在可操作性的前提下，将课本或者课外读物上的故事"搬"到舞台上，融合学生的个人理解或创新思维，通过学生的声、台、行、表进行角色或故事的立体化呈现，教师根据学生的表演进行综合评价。

现场影评是学校在配备完备的硬件设施的前提下，组织学生小规模观赏影片或纪录片，然后让学生进行一定时间的讨论后，就影片内容、表现形式、深层内涵、镜头语言、色彩与构图、人物形象等进行集体讨论及学生个人评价，在这个过程中，培养学生的独立思考能力，增强其自我表达的信心，对现实生活产生一定的感悟。

（三）转变教学观念

教师应改变以"考什么，学什么""师为教学的主体，学生只能被动接受"等传统教学观念，创新教学方式，引导学会倾听、表达与交流，运用流畅、自然、大方、得体的口语文化进行人际沟通和社会交往，培养高素质、综合型人才。

1. 精心策划课堂上的口语交际训练

口语交际教学对于实施语文课程改革意义重大，为培养新时代、高素质人才，现行语文教材要求口语交际教学既要与阅读相互配合，增加课后阅读的次数和频数，同时又要与综合性学习同步推进，与课文内容相关的口语交际活动要贯穿整个教学过程。这就对教师提出了更高的要求，要合理安排每一节课的授课内容，尤其要重视口语交际课堂内容的设置，在明确重难点的前提下，通过正确、适合个人的引导和合理、科学的训练方法，由浅入深，由繁至简，循序渐进，提高学生"想说"的兴趣，确定一个专属的话题，营造独特的口语交际氛围，让学生在快乐中学会与人交际，学会自我表达，增强自信心。

2. 课前登台演讲

同一个课堂环境中，有的学生喜欢发言，表达自我，有的学生更多时候是一个"聆听者"，不是他们本身不愿意表达，而是现代不良生活习惯，比如没事就对着手机等，让他们逐渐出现了表达障碍。而课前三分钟的演讲首先针对的就是整个班级的同学，不管学生是什么样的性格、成绩好坏，在课堂中，每个人都是平等的，都有平等的机会站在同学面前表达自我，这首先就消除了部分胆怯学生的心理压力。演讲不限制内容和形式，可以唱歌、跳舞、聊天、演讲等，在这样一个简短的过程中，学生的特长得到了展现，学生的胆量得到了锻炼，学生的表达能力得到了提升，学生的创新思维得到了开发，对于课堂教学来说意义重大。

3. 阅读教学中利用课文进行口语交际训练

培养学生口语交际能力是阅读教学的重要内容，是学生学习成功的重要基础，它能提高学生的口语表达能力和写作水平。《语文课程标准》把对学生口语交际能力的培养作为语文教学的一项基本要求，并明确了培养学生口语交际能力与"识字、写字""阅读""习作"等语文能力的同等重要性。阅读教学是学生、老师、教材之间的对话过程，在教学实践中，教师应在教学之余，设计更多生动有趣的活动，启发、诱导学生，激发学生对于阅读和口语表达的兴趣。同时充分利用课本中的内容设定良好的交际情境，让学生针对教材内容展开开放式互动交流，畅所欲言，在各种思维方式的互相碰撞中，拓展学生的想象空间，激发学生的创新思维。

因此，在教学实践中，教师既要明确自己的引导作用，带领学生勇敢去表达自我，又不可以忽视学生的主体性，要清楚地知道，课程内容和授课方式的设置都是为了让学生主动去做、积极去说，进而提升学生的口语交际能力。

4. 结合作文训练进行口语交际训练

第一，以课文阅读为基础，创作口头化作文。阅读是学生的个性化行为，不应以教师分析来代替学生的阅读实践。基于课文阅读，进行口头化作文创作，不仅可以丰富学生的阅读内容，又能让学生将个人所思、所想通过口语作文的形式表达出来，使之情感得到加深。

第二，以写作教学为依托，创作口头化作文。写作教学应贴近学生实际，规范写作格式，引导学生留心生活，比如，写作教学通过以学生乐于接受的形式和内容来开展，描述同学的外貌特征，讲述身边的一件小事，评价某一个热点事件等，所以，教师在作文教学中，必须让写作教学回归生活，这样，作文写作才能自带感情色彩。

第三，以作文讲评为辅助，提升学生的口语交际能力。激发兴趣、保持兴趣、乐于表达是《课标》追求的一个具有可持续发展的理念，而作文讲评的过程，主体在学生，是通过选取个性化的作文进行学生互评交流，而后再由教师进行总结，通过这样的过程，既是尊重学生作为独立个体的言论自由，又能培养学生独立思考能力、自我表达能力和逻辑思维能力。

5. 日常生活实践中的口语交际训练

"不登高山，不知天之高也；不临深溪，不知地之厚也"，口语交际训练的最终完成必须是和实际结合在一起，教师要创造各种机会让学生勇敢地进行口语交际，比如开展多种形式的演讲比赛、辩论比赛、主持人比赛、故事会、口语角等，或者是组织学生参加社会实践，如学雷锋、关爱孤寡老人等活动，同时要鼓励学生积极参与其中。只有学生的积极性被充分地调动起来，才能让口语交际的意义得到最大化实现。

（四）结合学生实际科学有序训练

要提高学生的口语交际能力必须经过长期的努力，应该由易到难地让学生敢说、想说、善说、多说，循序渐进地训练。

1. 让学生敢说

学生进入中学后，课程难度大，学生有畏难情绪，针对这种情况，教师应采取以鼓励为主的办法，让学生开口，敢于说话。不管说什么，只要能说一两句都给予鼓励，以消除学生的畏难情绪。对敢于开口说话的同学，则大力表扬，营造一个敢于开口说、积极发言光荣的氛围。在学生初步养成敢于开口说话的习惯后，再一步步提高对口语训练的要求：从把句子说完整，到把意思说清楚，到把感情说出来。在实施过程中，口语训练的面尽可能大一些，以调动每个学生的积极性。学生消除了畏难情绪，也就敢于开口说话了。

2. 让学生想说

要激发学生说的兴趣，让学生想说，主动说，学生的口语能力才能得到提高。对于激发学生的兴趣应做到：一是让学生说自己熟悉的内容，学生对于熟悉的内容，容易说得清。二是开展多种形式的说话活动。例如利用早自习的部分时间，让每个学生说一个成语故事；或让学生根据自己的见闻，用简洁生动的语言，讲一个有趣的故事；或者看图说话，启发学生充分发挥自己的想象力，运用自己学到的知识，对图画的内容、主题、结构、层次进行生动的说明；或自己动手制作一个小玩具，向同学说明制作过程；或让学生根据课文内容，进行创造性的对话表演。教师对这些活动要及时进行讲评，评出优胜者，给予鼓励。三是教师应巧妙设计所提的问题，让学生想说，精心设置语言环境，令学生愿说。

3. 让学生善说

教师应根据学生个人实情，个别指导，力争让每个学生都做到言之有物、言之有理、言之有序、言之有情。要让学生会说、善于说，需要教师对学生进行有目的、有计划的训练，由浅入深，从简单到复杂，循序渐进。首先要引导学生会听话，听是说的基础。教师在上课时，要张弛有致、不疾不徐、快慢结合，随时注意自己的语速、语气、重音等，有意识地训练学生的听和记的能力。会听才能说，一个人只有思路清晰、思维敏捷，才能运用恰当的语言有条理、有层次、明确而生动地表达思维。其次要引导学生从易到难，逐步提高要求，系统训练口语能力。可以从扩词造句开始，逐步扩展，从简单的句子到复杂的句子，从一段话到一个完整的故事，从复述课文内容到根据课文进行辩论、讨论，从课内的教材到课外的阅读赏析，逐步扩充内容，加大容量。对于学生在说话中出现的错误，要求学生能迅速改正，重新组织。

4. 让学生多说

教师应创造条件，为学生创造说的机会，增加说的信心，满足说的欲望，提高说的能力。

  总而言之，教师应该重视学生口语交际能力的培养，在初中语文的教学过程中不断研究有效的训练方法、探索新的教学途径，使口语交际教学再上一个新台阶。

第三节 初中语文阅读教学研究

一、提高学生的阅读能力

阅读教学是学生、教师、文本之间的对话过程。无论从应试教育的角度还是从素质教育的角度来说,阅读教学都是语文教育的重心,其宗旨在于提高效率,培养阅读习惯,营造读书氛围,使学生通过阅读不断吸收人类先进思想和创造性思维的成果,获得自学能力,学会终生学习。而阅读训练是一种比较复杂的多种技能的综合训练,在阅读的教与学的过程中,不但要重视学生阅读能力的提高,还要重视不同层次上的阅读技能的训练。阅读是学生的个性化行为,不应以教师的分析来代替学生的阅读实践。阅读是读者与作品(文本)作者对话的一种活动,即以作品(文本)为媒介,借此体验、感悟和理解作家在作品中流露出来的思想和情感。这种阅读活动,是读者与作者之间心灵的对话。提高初中学生阅读能力的对策:

(一)树立正确教学观念,让学生明白阅读的重要性

树立正确的教学观念,积极采用先进有效的教学方法,转变落后的教学观念和陈旧的教学方法,缺的是实际中的运用。所以在这里不做过多的论述,教师应积极参加业务进修和理论学习,真正做到理论和实践的结合。

让学生明白阅读的目的性和重要性,能使学生从被动的被迫阅读,转变为积极的主动阅读,使学生具有强烈的愿望,使阅读成为自觉的行为。教师要让学生明白,阅读影响的是一个人素质中最基本的、最核心的东西—审美观、道德观和人生观。通过阅读反省自我、提升自我,从而使自己成为修养良好的人。同时阅读还是提高自己写作能力的根本和前提。

（二）教授学生阅读技巧，培养学生良好的阅读习惯

阅读能力的提高是长期积累的结果，但是教给学生适当的阅读技巧有助于提高学生的阅读能力。要求学生阅读时要抓住重点，抓住段中心句。阅读中遇到的生字词，不能立即查字典，要学着根据上下文，揣摩词义，因此，平时也要注意培养学生根据上下文猜测词义的习惯。阅读技巧中的阅读方法有很多种，要培养学生根据自己的习惯选择适合自己的方式。

应该培养学生良好的阅读习惯，督促他们要有持之以恒的精神。良好的阅读习惯，对学生的学习至关重要。比如，可以让学生养成读书做笔记的习惯，实时写下自己的阅读心得；可以让学生长期背诵古诗，积累语言，陶冶情操。古诗是中国古文化的精髓，学生时期，学生的记忆力强，利用这一时期经常背古诗，不仅可以学习中国优秀的古文化，还可丰富语言积累，陶冶情操，培养爱美情趣。教师还可在班上举行古诗文朗诵、背诵比赛，激发他们背诵的欲望；还可以经常表扬有良好阅读习惯的学生，让他们介绍自己的做法，使其他学生学有榜样、赶有对象，从而促使学生养成良好的阅读习惯。当然具体的做法大家可以结合学生的实际情况去选择有效的办法。

（三）家校合作，创设有利于学生阅读的良好环境

学校教师应经常与家长联系，一起创设有利于学生阅读的良好环境。现在家长为孩子选书的动机多是为了提高孩子的写作水平，增强应试能力，或以自己的意志去同化孩子的阅读兴趣，忽略了孩子的年龄特征，忽略了对孩子阅读兴趣的提高、知识的积累和能力的培养。因此，教师应多与家长沟通，应引导他们多阅读一些他们感兴趣的、有益身心的读物，在阅读中提高阅读能力。

总而言之，提高阅读能力不是一朝一夕的事，它要有一个长期潜移默化的过程。同时，良好的阅读习惯、浓厚的阅读兴趣、扎实的阅读技能、有利的家庭氛围等都是提高学生阅读能力的有效途径。

二、培养学生的阅读兴趣

正处于义务教育阶段的学生对阅读的认知还不够清晰和准确，大量阅读

是通向成功之门的必经之路。因此，培养学生的阅读兴趣就成为教师的主要责任。

对于学生的学习和发展而言，阅读教学具有至关重要的促进作用。因此，作为语文教师，不仅要引导学生养成认真阅读的习惯，让学生认识到阅读对自身发展的重要性，还要鼓励学生自主选择读物，扩大阅读面以及增加阅读量。作为学生，在教师的帮助和指导下，一定要学会制定阅读计划，充分利用课外时间阅读课外读物，每个学期要阅读两三部经典名著，阅读总量大于或等于260万字数。总之，学生大量阅读课内的教材和课外的读物，有利于丰富自身的发展和学习。

阅读包括课内阅读和课外阅读两种形式，二者的充分结合，有利于培养学生良好的阅读习惯，并提高学生的知识水平以及拓展学生的知识层面等。

（一）培养课内阅读习惯和兴趣

在课堂教学过程中，作为语文教师，一定要充分利用课堂时间，激发学生的阅读兴趣，并加强学生的阅读动力，从而实现阅读的教学目标。具体而言，语文教师应做到以下几点：

1. 阅读课文

在语文课上，教师要给予学生充足的阅读时间，并激发学生的阅读兴趣，让学生在阅读的同时不断思考和探索，不仅培养学生成为阅读者，还要培养学生成为思索者和探究者。

2. 朗读课文

鼓励学生在阅读的过程中带着自己的情感，并大声地进行朗读，从而达到声情并茂、读得忘我的效果。

3. 组织阅读活动

组织学生开展多种不同形式的阅读活动。比如，全班大声朗读或默读、男生和女生比赛阅读、分成不同的小组进行阅读等，让学生学会从不同的角度解读课文，同时进行深入的分析和探究，从而使学生养成良好的阅读习惯。

4. 阅读指导

教师要指导学生感知作者想要表达的创作心声，体会作者所要表达的思想和情感，并指导学生掌握多种不同文本的读法，积累大量的语言材料，有意识地培养自身的语感。此外，教师要鼓励学生创造性地阅读课文内容，从而促使学生养成良好的课内阅读习惯。

（二）引导学生进行广泛的课外阅读

对于拓展学生的知识面而言，课外阅读具有至关重要的作用。由于课内阅读具有一定的局限性，因此，要想提高学生的知识水平，以及拓展学生的知识层面，语文教师需要引导学生展开大量的课外阅读，并且布置课外阅读作业。具体做法如下：

1. 要使课内培养的阅读兴趣在课外得到拓展和延伸

教师向学生推荐课外读物时，可以适当地讲解读物的精彩之处，激发学生的主观能动性，让学生积极主动地阅读作品。比如，推荐高尔基的《童年》作品，教师可以重点讲解作品的精彩片段，或者是能够引发学生阅读兴趣的片段，同时还可以推荐高尔基的其他两部作品，即《在人间》《我的大学》。对于课外读物的选择，基本上都是以课内精度教材为依据，其原因是学生已经了解和掌握了教师对课文内容的分析，基于此，学生在阅读相关课外读物时就能够快速理解其内容，并取得显著的阅读效果。

2. 师生共同推荐新作

要想拓展学生的阅读层面，仅仅依靠课内阅读是无法实现的，其原因在于课内读物内容所涉及的范围相对狭窄，因此，教师可以采取一些措施来丰富学生的读物，比如，在阅读教学过程中，让每个学生向全班推荐自己喜好的作品，并让学生说出推荐此作品的理由，从而调动其他学生阅读此作品的动力。除此之外，教师还可以组织阅读比赛活动，通过比赛的形式，让学生之间相互推荐作品，比赛的标准是以推荐的书目数量多和书目内容优质为主。推荐的书目类型可以是文学的、历史的，也可以是冒险的、侦探的，总之，阅读作品所涉及的范围要符合广泛性要求，其阅读内容要具有一定的教育意义和阅读价值。

三、优化语文课堂阅读教学

在新课程改革的背景下,阅读教学得到人们的广泛关注和高度重视。在语文阅读教学过程中,教师的主要职责就是培养学生良好的阅读习惯,指导学生形成提高自身知识水平的意识,并且优化和创新语文课堂阅读教学模式,教师可以从以下几个方面入手:

(一)创设阅读情境

创设情境是语文阅读教学过程中非常重要的形式,通过阅读情境的创设,学生能够快速地投入到课文的阅读中,充分了解和掌握课文的内容,为深刻理解和感知课文奠定基础,并达到"入境""入神""入化"的效果。其中,"入境"指的是学生主体与文本客体达到一种高度融合的境界,学生在阅读作品的同时与作者进行心灵交流,运用联想和想象的方式,学生与作品中的人物融为一体,从而深度感知和理解课文内容;"入神"指学生充分领会到文章构思的巧妙、表现方法的恰当以及遣词造句的精彩;"入化"指学生从课文中提炼出要点,将获取的知识转化成自身的能力,掌握了学习的方法,并提高自身的学习能力。创设阅读情境可以选用以下方法:

1. 运用实物演示情境

这种创设方法是从人们认识客观事物的规律出发的,即百闻不如一见。

2. 借助图画再现情景

通过图画还原作品情景的方式,为学生营造真实的阅读氛围,再加上图画的明暗色彩,有利于学生快速地理解和感知课文内容。

3. 播放音乐,渲染情境

音乐既具有激荡和抚慰人们心灵的作用,还具有渲染情境和营造气氛的作用。对于音乐的选择,不仅要与课文内容相关,还要符合课文内容的要求,在阅读教学过程中,教师若能够将音乐和文本进行充分结合,则教学过程就达到视听联动的感官效果,从而取得良好的阅读成果。

4. 扮演角色,体会情境

教师可以运用角色扮演的阅读方式,让学生扮演课文中的人物,通过对人物的深刻理解，将人物的思想和情感充分地表达出来，从而引导学生整体掌握全篇课文的内容。此外，教师还可以指导学生改编课本剧，以进一步加强学生对教材内容的体会。

（二）设计阅读任务

教师要根据学生的学习情况设计阅读任务，并设计指导方案，做到读、思、议、练有机结合，围绕着阅读目标来调控阅读进程。

在语文课堂教学过程中，教师采取提出问题的方式，能够促进学生的学习和发展，学生在寻求答案的同时逐渐理解和掌握了知识。学生的学习能力将会随着教师提问水平的提高而得到进步。此外，需要注意的是，教师提出的问题要具有策略性、序列性和时机性，其中，策略性指教师要针对学生难以理解的知识进行提问；序列性体现在问题的难易程度和深浅程度，根据学生的实际情况进行循序渐进的提问；时机性指的是教师的提问要因时制宜。

质疑属于一种特殊的提问形式。学生向教师提出的问题是在探索知识的过程中所遇到的疑难问题，这也是质疑的特殊性所在，提出疑问有利于学生深入理解和掌握知识。因此，在课堂教学中，教师要鼓励学生勇敢提出疑难问题，并通过多种不同的方式和方法，尤其是诱导的方法，引导学生学会质疑的方法，从而让学生深度思考和探究各方面的信息，并提出疑难问题和客观意见。针对学生提出的质疑，教师要甄别其价值，并选择恰当的方法进行解决。

（三）组织小组讨论

讨论指学生通过小组的形式，围绕着某个主题进行讨论的行为方式。由于语文的知识内容与学生的生活经验之间具有一定的联系，因而相比于其他学科的讨论话题，语文课堂讨论的话题内容要更加丰富，并且还能够衍生出其他的谈论内容。语文课堂讨论具有"可操作性"和"必操作性"，主要是因为学生阅读能力的提高与其言语智慧有关，课堂教学的形式以言语为主，而言语的习得方式就是发言，言语的操作决定了学生的阅读能力。

1. 组织设计议题

教师不仅要自己编制议题，还要在组织教学资源的过程中筛选出议题。

需要注意的是，教师在编制议题时要结合教学目标和学生的实际情况。组织设计议题的备课点指因议题所引发的话题、谈资、思考和论辩等内容。

2. 指导、调控讨论

在进行讨论时，教师需要做到以下几点：①关注学生的参与度，时刻监督和管理学生，督促学生认真倾听他人的发言，并准确表达自己的讨论观点；②关注话题的扣题和展开，通过观察学生的学习进程，调控学生的讨论进度，融入新的讨论素材，从而取得显著的讨论成果；③适时介入，引导和调控讨论过程，或补充信息来加强学生的讨论质量。

3. 做好评价

首先，针对学生讨论结果进行评价，评价的内容要体现出客观性、准确性和创新性；其次，对学生策略的评价，主要评价学生在参与讨论的过程中所表现出来的言语策略和认知策略；最后，评价学生的讨论行为，特别是讨论的次数、态度、习惯和方式。

根据以上内容可知，语文阅读教学的最高境界就是学生和读物之间达到一种高度融合的状态，学生既能够客观地掌握阅读作品所包含的各种知识点，还能够深刻体会到作品人物的思想和情感，并总结出自己的思想观点和阅读感悟

第四节 初中语文写作教学研究

一、初中学生写作能力的影响因素

教师在指导训练学生的写作能力之前,首先要做的是弄清影响学生写作能力的因素。学生的写作能力主要受动机、认识、情感和技术四个因素的影响。

(一)写作动机

写作动机是作文教学活动中最直接最活跃的意向心理因素,它不仅维系注意力,增强理解和记忆,而且对激发联想和创造性思维、唤起情感体验,都具有积极作用。严格来说,产生写作动机的时候是写作的逻辑开始。情感从内心生发,然后通过实际行动表现出来,完整的写作包括两个重要因素,即写作素养和写作心理;写作心理即写作的欲望和动机,其中最关键的是写作的动机。只有产生了写作动机,想要用语言去表达,学生才会积极行动起来,着手准备写作素材。所以教师要激发学生的写作动机,这一环节很重要,让学生有写作的欲望,这是帮助学生写出好作文、提高写作水平的重要方法。

学生写作水平的高低,很大程度上取决于学生本人能否发挥主动性和积极性,而这种主动性和积极性又是一个人心理动机的一种具体表现。一般而言,写作总是有一定目的的,是为了完成某项工作或满足某项需要而进行的。而动机是需要的动态体验,所以说任何写作总是带有动机的。正是在某种或几种动机的驱动下,人们才拿起笔进行写作。

（二）认识因素

认识因素包含两个方面的内容，一是学生对客观事物的认识，如社会、文化、历史、人文、日常生活等；二是对作文工具和手段的认识，即包括语法、词汇、修辞在内的语文知识的认识，还有对写作过程中各种规律的认识。认识因素通常包含三个层次，即观察、理解和想象。

人们在认识事物之前要先进行观察，这是人们获取和积累第一手材料的前提，写作素材的获取也需要观察，学会观察，对写作有重要意义。

人们对客观事物的发现和认识，对社会的了解都是通过观察得来的，观察有赖于人的感觉。光靠观察是无法写出好文章的，还需要理解。对客观事物有深入的理解，才能形成对事物的看法，抓住关键点，然后得出结论。而写作的基础就是人们对社会生活的认识和理解。

更高级别的认识是想象和联想，这也是形成形象思维的关键。心理学家认为问题情境一般是不确定的，而想象可以在这种不确定的情况下拟定行为插叙。写作不能没有想象和联想，否则无法写出优秀的文章。

观察、理解和想象这三个不同层次的认识活动彼此之间并不是独立存在的，而是相互作用、相互融合的。

（三）情感因素

情感因素是学生在认识客观事物时所形成的价值观、人生观等多种情感因素的综合。其中包含对自然界、社会和日常生活的情感，还包括学生的态度，比如学生表达自己情感的意愿或者表达情感的方式等。人类所有的活动都离不开情感因素的参与，情感在人类活动中的作用有积极的也有消极的。中学生的习作中就很鲜明地体现出学生的情感，好的文章大多是因为学生对生活有更深入的理解和体会，情感充沛。

认识是情感产生的基础，情感是人们在对客观事物认识的基础上产生的。当对客观事物产生强烈情感后，人们就会产生写作的欲望，从而对所要抒情的对象有更深入的了解和研究，找到抒发情感的切入点。写作和绘画是相似的，都是对万事万物产生了一定的认识，并对其有了某种强烈的情感，内心产生抒情和表达的欲望，有了创作的灵感。

(四)技术因素

技术因素指的是学生在写作时对材料的选择和运用、主题把握、文章布局和遣词造句等方面的因素。对材料的选择和主题的把握,主要决定了文章写作的内容和文章的整体情况;文章布局和遣词造句决定了作文的写作方法。解决了这些问题,就掌握了写作的实质。而解决这些问题的能力就体现出中学生的写作技巧,对这些问题能很好地把控就说明学生具有良好的写作技能。然而学生的人生观、世界观和价值观往往对这些问题有很大的影响,中学生的审美就体现出他们对自然和社会生活的感悟,这也决定了他们写作的基本功,以及是否能从他人的写作中吸取经验和教训。

写作动机、认识、情感和技术四种因素是检验中学生写作能力的标准。其中认识因素是其他三种因素的前提;动力是情感因素;而技术因素是手段,为写作提供保障,这三种因素共同作用体现出学生作文水平的高低。

认识决定了学生写作的内容以及素材选择的范围;情感因素是学生写作的动力,让学生产生写作欲望;技术因素决定了学生写作的技巧和写作的最终结果。

二、初中学生写作兴趣的培养

(一)采取多样化的写作训练形式

1. 写作训练与听说训练相结合

要注重写作训练和听说训练相结合。写作本质上就是另一种形式的语言表达,教师可以引导学生在学习完课程之后,表达自己的看法,比如可以让学生们发表对于某一人物的看法,可以在进行讨论之后进行发言,而教师则可以观察学生在发言过程中的措辞造句,而其他的学生则可以共同进行评价和改善,要充分肯定学生,学生的进步需要不断的鼓励和适当的批评。学生在发言过程中放松了身心,教师继续指导学生,写作就是将所说的话用书面化的语言呈现到纸上的一个过程,让学生有足够的信心去下笔写作。

对于写作训练和听说读写的训练过程,可以由教师制定题目,布置给学生,让学生在课堂上进行讨论,课后进行写作,而写作完成后则由教师和学生共同进行探讨和点评。整个过程要求成员的完整性，要求人人参与到这个训练过程中，教师可以在每次都无规则随机地抽取发言的学生，随机地抽取写作的同学。这样的训练方式，可以给每一个学生一定的压力，却也不会有太大的压力，既能够让学生对于课堂的关注度更高，集中精力，又能提高学生的概括能力。而参与到评价的学生要尽可能地给出自己中肯的评价，要尽可能避免个人主观色彩，当学生对评价有异议时，教师则可以作为裁判在课堂中进行探索，学生就会获得一种清晰明朗的感觉。

2. 尝试文学佳作鉴赏与再创造

作文训练，目的就是为了培养学生的语言能力和表达能力。学生尚未踏入社会，年龄层次低，还没有很多的人生经历，视野不够宽广。而针对这一问题，教师应该如何解决呢？教师可以尝试利用文学佳作鉴赏的方式，在自己的作文课堂中，要注重对写作立意和意境的指导教育，要帮助学生找到一些得心应手的文章立意，对一些不太好写的题目，教师要尝试引导学生。在一些例文的展现下，学生利用教师所教授的写作技巧就可以写出自己满意的文章，而对文学佳作的鉴赏也可以开拓自己的视野，避免提笔却无话可说的现象。这样一种良性的循环，可以激发学生的写作热情，不断激发其写作灵感。

（二）课文结合生活实际进行写作

文章的来源是生活。所以在进行作文写作和命题时，就要密切联系学生的生活实际，初中语文课本中的课文大部分都是作者的代表作品，是优秀作品，而在这些作品的筛选过程中，就要选择一些对于学生具有教育价值的文章。在文章中，应该展现出作者是如何进行观点表达、如何进行写作的。虽然每个人有每个人的作品，每个人都是不可复制的，但是写作还是有迹可循的，对处于学习阶段的同学们来说，一篇好的文章学习作品就显得尤为重要了。

教材不断进行改革深入，教材版本也不断更新，课文的选择也越来越贴近自己的生活，这样的文章就更能有借鉴意义。由此可见，作文的学习，最开始要将课文作为学习规范，学习感情的表达方式和写作的技巧。

大自然千奇百怪、鬼斧神工，气象万千的壮阔美景也应该作为培养学生写作兴趣的突破口。教师应该引导学生观察自然，在欣赏自然美的审美喜悦中，放飞想象。高山名川的险峻雄奇、荒漠枯原的雄浑壮阔、江南水乡的秀美神韵、三山五岳的美轮美奂，一棵小草、一滴露珠、一片落叶，阴天、雨天、晴天，草木枯荣、潮起潮落、云长云消，到处是景，到处是情。作为一名语文教师，可以引领学生充分地感悟和发现大自然中的这些美景，学会鉴赏美，并在赏心阅目的审美享受中用作文来体现这些美，这样必定能激发出学生的强烈欲望和兴趣。对于生命的平凡与伟大，生命的脆弱与顽强，教师应该引导学生进行思考，从中感悟生命、尊重生命、热爱生活。要求他们做个有感悟的人，培养多看、多听、多想、多记、多写的习惯，使他们有所感悟，这样写作兴趣必定会油然而生。

教师要以课文为范文，引导学生迁移思维，密切联系生活实际去写作，为学生更好地展现自我架构桥梁。学生在学以致用中，品尝到了写作的乐趣，就会增强写作的信心。

（三）利用作文的目的性、功利性、适用性

作文不像是文章写作，作文是带有文章命题，主题立意的一种具备目的性、功利性、适用性的文章写作。在初中七、八年级的语文教学中，对学生语文思维的培养，主要是提高学生的文学素养，提高学生的听说读写能力。而到了九年级，因为作文在中考的占比较大，就要求教师和学生不得不重视起对于作文的学习。教师要将培养学生的兴趣作为努力的目标，缓解学生的畏惧情绪，作文虽难，见效慢，但只要教师能够将逻辑展现清楚，将其中的利害关系表达清楚，也能够激发和提高学生的兴趣和能力。以小见大，从小出发，可以生活中对于某件事物的描述，往大了看，可以是论文写作、学术研究，任何一项表述都离不开作文。要从多方面进行引导，给学生树立一个理论和实践的框架，从而提高学生的写作能力和水平。

（四）激励个性作文，增强学生写作成就感

要鼓励学生写个性作文，作文要具备写作者的真情实感，作文离不开模仿，但又不能仅仅是模仿。能够真正打动人心的，永远都是真实的故事、真实的体验和真实的情感。教师要在教学过程中，不断引导学生进行创新，让学生明白，要想写出感人的文章，就要让学生写自己的真实体验，探索未知领域。教师可以选取一些优秀的学生作品在课堂上进行朗读，让学生们对其进行学习，共同进行评价和欣赏，这样可以给学生一个新的指导方向。

走进生活，享受生活，感悟生活，不断在生活中获得灵感体验，寻找写作的源头，这样才能够真正引起学生的写作热情和学习热情，用兴趣引导学生才是正确的选择。

（五）通过细节表达自己的观点

要提高学生的写作兴趣，要使文章生动、出彩，一个最简单的方法就是要抓住细节。通过细节来说话，来表达自己的观点，表现人物的性格。细节刻画得当可谓不着一字，尽得风流。在细节的运用上，学生要吃透文章的主题、人物的性格，选准细节，点到为止、惜墨如金。这就要求教师在平时的作文教学中要多让学生用心去体会、用心去实践，熟能生巧，巧生点睛之笔，久而久之，学生的写作兴趣就会提高。

初中阶段的作文教学相当重要，激发学生写作兴趣的方法多种多样，应该不拘于一格，只要适用、有效就行。

三、初中语文的写作技巧

（一）积累写作素材

提高写作能力要从点点滴滴做起，作文写作得从积累开始，写作是各种知识的综合运用，如果没有丰厚的知识积淀，很难写出思想深刻、内容丰富、新颖别致的文章来。课外积累是写作的基础，教师要引导学生多读课外书，特别是名著。要学会对文章的细读，精彩的篇章最好能背诵。大量阅读有助于学生积累词汇，积累写作素材，学习写作技巧，提升思想境界。

首先，在教学中教师要交给学生阅读的方法，做读书笔记，将获得的词汇、素材储存在自己的资料库中。如果腹内空空，是写不出好文章的。除此之外，学生要注意观察生活、感悟生活，有感而发地写随笔。很多重要的素材积累来自生活，每个人都是社会的一分子，身边每天都在发生着一些不同寻常的事，每个人对此都有自己一整套的理解、感触，这些理解、感触记录下来就是现成的作文素材。习作教学应贴近学生实际，让学生易于动笔，乐于表达，应当引导学生关注现实、热爱生活、表达真情实感。生活也是学生作文取之不尽的源泉，组织学生体验实践活动，有利于学生用纯真的心灵去写真切的生活。平时通过一些具体的实践活动，让学生积极地参与进来，热烈讨论，相互启发，细致地去寻觅生活细节所蕴含的美，并适时地把自己的感受记录下来，为自己和其他同学积累宝贵的素材。以上这些都是帮助学生写好作文的有效途径。

其次，写好的作文要反复修改，也可以请教教师、同学的意见，精益求精。在初中作文中，很多都是半命题作文，这时学生更应该发挥自己的想象，使作文的立意更高。在写作方面，除了多看书看报外，还可适当记点周记之类，锻炼文笔，久而久之，就会越写越顺。一些喜欢听歌的同学常常会记些喜欢的歌词，在写作时用一用，还真不愧为一种好办法，最起码在语言上就占了不少优势。当然，也可以背一些优美的句子，使它们转化成自己的东西，常记常用，写作水平自然会有所提高。

每个学生都应该学会有发散性思维，教师讲一个要点，学生会举一反三，教师只能是"授渔"，而不能"授鱼"。比如修辞方法在句子中的作用这类题目，教师只能给学生讲一道例题，学生应该模仿这类题的方法自己练习直至掌握，不可能教师将每一道题的答案都讲给学生。通常在写作过程中会遇到的一个问题是，同学们在看到某一篇优秀的文章或者课文时，会觉得其中的观点有种似曾相识的感觉，甚至是自己都有过思考，只不过自己没有将这个观点进行深入，也没有足够的能力将观点有理有据地表述出来，不能够像作者一样条理清晰地将自己的观点一一呈现出来，总是提笔忘词。这是因为学生的思维还没有达到一定的深度，还没有足够的思考能力去进行剖析。教师作为引导者，可以帮助同学们尝试梳理自己的思绪，将社会生活和校园生活结合起来；将自己对于事物的真情实感在文章中表达出来，作文内容可以不完全是积极的，也可以包含否定与质疑，所以教师就要引导学生不要畏惧自己的质疑和反面观点，要勇于提出自己的观点。当思绪混乱时，可以先尝试立意，找到一个明确的主题，再围绕这个主题铺陈开，展现自己的价值观念，继而展开叙述和点评。所有的成功都是从模仿开始的，可以多阅读一些优秀的文章，学习他人的叙述方式和表达方式，这样可以帮助自己找到适合自己的表达方式，克服错误的思想认知，不断解决遇到的问题，将优秀的文章的优点不断内化为自己的内涵和自己的真情实感。

（二）明确审题

学生在写作时，首先面临的就是审题的问题。审题是作文过程的第一步，这一步工作的好坏，将决定全篇内容是否符合要求，决定构思能否按正确方向展开。"失之毫厘，谬以千里"，写作文时由于审题不清而造成文不对题的情况屡见不鲜。审题就是为了明确题目的要求，了解出题者出题的意图。考场作文命题有以下几种形式：命题、半命题、命意（提供材料作文）、话题。

审题的一般步骤：

1. 审文体形式

命题、半命题、提供材料（命意）、话题。

2. 审写作内容

审写作，即题目要求写什么。就记叙文而言，就要弄明白文章是要求记人，还是叙事，是写景，还是状物。

3. 审写作重点

找准了文题所要求写的重点，也就把握住了文章所要表达的中心，选材也就有了范围和目标。一般来说，文题的重点是指文题当中揭示意义、体现中心、点明重点或表明感情色彩的词语。这个关键词也叫题眼，抓住了题眼，就是抓住了文章的写作重点。

4. 审文题限制

弄清文题对行文的限制。文题对时间、空间、数量、人称、内容等提出限制，规定范围，作者必须严格在规定的范围内作文，只有这样才能不离题、不偏题。

（三）激活新颖素材

学生在写作时，总是会想让自己的文章有所创新，题材新颖，想要通过题材的新颖来获得读者的青睐。这就对学生对生活的发现能力有所要求，要求学生们不断感知外界的新鲜事物，不断去感受新的事物，有目的有意识地去对自然社会进行观察，不管是大自然、物，还是人，都需要注入自己的想法，才能做到题材新颖。

生活是灵感之源，要想获得写作的灵感，就要尽可能地投入生活，在生活中获得体验，开阔视野，获得人生积累。只有自己切实地感受过生活，才能写出有感染力的文章，才能给读者带来身临其境的效果。有了灵感和素材来源，就需要锻炼自己的写作水平、技巧水平，此时想要写出自己的真情实感的文章就比较容易了。

（四）反复锤炼行文语言

锤炼语言，要学着恰当引用。在行文中，可引用诗词佳句来增添文章的文字情趣，增添新意。可妙引经典句式，以此来优化文章语言，增强语言的表达效果。如"不必说……也不必说……单是……""没有……就没有……更没有……"等经典句式。还可以妙引流行词句，增添语言情趣。学着巧用修辞，多用排比、拟人、比喻等修辞方法，使句子生动形象，耐人咀嚼。多用短句和散句，穿插一些长句或整句，使文章的语言灵活而多变，富有诗意。还要学会在突出位置设计精彩语句，在文章开头、结尾、过渡、总结等位置，或者用些精美的排比句、对比句等，或者活用新鲜的时尚语言，或者选用饱含哲思的警言格句，或者借用诗意化的表达。这样，既强化了读者的印象，又增强了文章的表达效果。

四、初中语文写作水平的提升策略

写作，是运用语言文字表达和交流思想情感的重要方式，是认识自然、社会、人自身并进行创造性表达的过程。提高语文写作水平是提高语文教学质量的关键，提高学生写作水平的有效策略有以下方面：

（一）激发学生兴趣

兴趣是写作的基础，也是关键。作文难的重要原因就是学生对作文缺乏兴趣。要提高写作能力，就要培养学生的兴趣。在教学中，教师应结合教材内容，积极为学生创设写作情境，以培养学生的兴趣。

首先，教师应为学生创设欢乐的氛围，学生在这氛围中产生了轻松的心境，排除了消极因素的干扰，有利于学生从自己的写作实践中获得成功的体验。

其次，兴趣是最好的老师，教师要根据不同年龄阶段、不同学习阶段的学生，选用不同的教学方式。教师可以通过在课堂上发表新闻报告的方式，锻炼学生说话的能力，利用好课堂的前几分钟，让学生们用自己的话将所见所闻都描述出来，既可以锻炼说话的能力，也可以锻炼语言的组织能力，利用极短的时间讲述一件小事。这是一个提高锻炼的过程，有的学生可能会羞于开口，觉得羞涩或者害怕，教师在这时就要做好引导作用，引导学生们开口说、动脑想，在长期的引导和支持下，学生的各项能力也会有所提高。

为了进一步激发学生的作文兴趣，还可以采取激励手段。教师要鼓励学生将自己的习作读给别人听，与他人分享习作的快乐，使学生明白通过这种交流，才能体现自己的价值、自己习作的价值，并从中享受到习作的快乐。这样做就形成了一种良性循环，使学生更加乐于写作，并在这一过程中提高写作能力，发展健全人格。不仅如此，要想培养学生的兴趣，教师在平时教学中就要多创设讲故事、征文、演讲、朗诵等活动情境，使学生常处于富有无穷魅力的语言环境中，感受浓郁的语言氛围，切身体会到语言的美，从而产生强烈的表达欲望，这样写作的兴趣自然就浓厚了。

（二）善于观察生活

观察是增加生活积累的有效途径。观察的多了，就可以形成丰富的表象，储藏写作的素材，一旦需要便能招之即来，五彩缤纷的生活为学生提供了丰富的写作素材。这些丰富多彩的生活怎样才能变成他们写作的内容——这就需要借助于对周围事物认真仔细地观察。

观察是写好作文、掌握知识经验、进行发明创造的前提条件。良好的观察需要具有观察的能力。观察力不是自然而然形成的，它需要经过长期的观察实践和观察训练。

第一，观察生活要做到细致，观察要入微，写的作文才有血有肉。比如在国际体育比赛中，当中国队取得胜利时，人们此时的表现是不同的，有的笑，有的热泪盈眶，甚至有的喜极而泣。细致的观察才能比较其不同，才能将作文写得生动感人。

第二，观察生活要善于抓住特点。在平日的作文教学中，常常发现在写人物外貌时，学生笔下的人物大多是"炯炯有神的大眼睛，高鼻梁，小嘴巴"，对春天的描写是"小草发芽，人们的衣服减少"。不同的眼睛写出了相同的内容。观察人物在某一时候的动作神态，并将它记下来；观察某一种动物在某一时候的动作神态，把它记下来；观察某一种植物在某一时候的颜色姿态，把它记下来；观察某一景物在某一时候的变化，把它记下来。长期进行这样的练习，抓住事物的特征也就不难了。

第三，观察生活还要善于思考和联想，把观察到的感性的东西，上升到理性的东西，由表及里地认识、由此及彼地联想，这样写出来的文章才有深度。

第四，观察的目的在于从实践中获得感性经验。要使感性经验丰富、全面，就要动员各种感官全面获取信息。引导学生充分运用视觉、听觉、嗅觉、味觉等多种感官仔细观察生活。

如果学生都养成了良好的观察习惯，何愁笔下无物。因此，平时要热心引导学生关注现实，从班级事、校园事、家庭事等入手，去观察身边人的衣着长相、言行举止，去发现校园里的花红柳绿、凡人小事，去感悟生活的千姿百态。

（三）重视文章修改与评讲

好文章是改出来的，有的教师认为作文辛辛苦苦改好后，学生只需看看作文本上的批改情况和评语即可，不需要再浪费时间评讲。实际上，这是一种不负责任的态度，对学生接下去继续写作也会产生不良影响。一篇作文的教学，从教师写前指导，到学生构思动笔，再到教师批改结束，并未全部完成，真正意义上的完成应在作文评讲之后，因为它是连接本次作文与下次作文之间的桥梁，它能使学生明确认识到自己作文中的优缺点，从而在教师的勉励和帮助下一步一个脚印地提高写作能力。要提高学生的写作能力和水平，就不能忽视评讲。

首先，教师对文章的分析，要以绝对事实作为出发点，对于所表述的内容，从文章的选材、篇幅、文章结构、语言方式，文章立意等多个方面进行改动，使文章不断改善，更能够反映出客观实际，能够不脱离现实而存在。而在对学生的文章写作教学过程中，教师也要注重学生之间的互动，比如可以采取互相评价、互相修改的方式来加强文章的完善和学生之间的互动。教师对学生的文章修改，不应该只是技术学术上的，还应该注重同学生之间的心的交流，对学生的文章评语，要尽可能地书写一些从心出发，具有吸引力、有价值，但又能够被学生理解的评语。我们正处于网络时代，作业的提交也是可以与时俱进的，学生可以运用邮件等网络方式上交，老师也可以运用多媒体软件对学生的文章进行修改，可以将学生的错误和不足之处展示在课堂上，大家一起讨论，教师和学生之间产生互动交流。这样的文章修改方式的效率和质量更高，修改完善的文章可以上传到相关网站进行发表。

提高初中语文作文水平的途径还有很多，只要教师不断探索、锲而不舍，多给学生自己发展的空间，指导学生多留意观察、多阅读积累，相信在教师的努力下，学生一定会由被动变主动、由低效变高效，教师的作文教学效果就会取得更大的进步。

第四章 "读悟写"一体式教学的实施

第一节 "读悟写"一体式教学的融通训练点

一、部编本初中语文教材的特点

部编语文教材更加重视阅读和写作，在篇目上虽然有所减少，但在编排上更加合理、系统、有梯度。"精教""课内自读""课外自读""整本书阅读"，螺旋式上升。课后练习有"思维探索"和"积累运用"。阅读双线组合，写作专题与阅读相呼应，读写融通。语文知识、思维能力、审美鉴赏、文化传承融为一体。因此，向课文学写作，运用课文"读悟写"的融通点。

二、部编本初中语文教材"读悟写"融通点

（一）七年级融通训练点

七年级是小初的衔接年段，"读悟写"的训练由片断仿写开始，以语言的积累为主，单片课文节选合适的融通点进行训练，一个单元进行一次完整的习作训练（七年级融通训练表）。主要特征就是，以片断仿写为主，单元进行主题训练相结合，语言积累与思维发展相辅相成。

表4–1　七年级融通训练点

七年级上册					
单元	主题	课文	融通训练主题	融通训练点	单元训练题目
第一单元	四季之美	春	写好景物描写	选典型突特点	的四季
		济南的冬天		多角度细观察	
		雨的四季		按顺序条明理	
		古代诗词四首		用修辞巧描绘	

续表

七年级上册					
单元	主题	课文	融通训练主题	融通训练点	单元训练题目
第二单元	致爱亲情	秋天的怀念	善用景物描写	明确主题定基调	那一次，我真的
		散步		准确词语述特点	
		散文诗四首		关键位置相呼应	
		《世说新语》两则		景与人和谐一致	
第三单元	学习生活	从百草园到三味书屋	写好细节描写	写好动作描写	我的新同学
		再塑生命的人		写好心理描写	
		《论语》十二则		写好语言描写	
				写好外貌描写	
第四单元	人生之舟	纪念白求恩	写出真情实感	对比突出写真情	期中考试
		植树的牧羊人		细节描写刻真人	
		走一步再走一步		点睛语句表真情	
		诫子书		环境描写助抒情	
第五单元	动物与人	猫	写出变化发展	层层铺垫顺逻辑	这天，我回家晚了
		鸟		巧用过渡善总结	
		动物笑谈		调整顺序妙布局	
		狼		渲染场景营氛围	
第六单元	想象之翼	皇帝的新装	写好想象与联想	插叙有道控节奏	我的书包
		诗两首		夸张荒诞显深刻	
		女娲造人		借助形象引哲思	
		寓言四则		构段谋篇突重点	

七年级下册					
单元	主题	课文	融通训练主题	融通训练点	单元训练题目
第一单元	群星闪耀	邓稼先	写出人物的精神	人物对比	晒晒我班的牛人
		说和做		环境渲染	
		回忆鲁迅先生（节选）		典型细节	
		孙权劝学		标志性的特点	

续表

| 七年级下册 ||||||
单元	主题	课文	融通训练主题	融通训练点	单元训练题目
第二单元	家国情怀	黄河颂	写出故土乡情	认识故乡物产、动物、植物	再回
		老山界		诗意刻画比喻、拟人、排比	
		土地的誓言		人称变换	
		木兰诗		两种抒情	
第三单元	凡人小事	阿长与《山海经》	多角度凸显人物	细致观察	的那一刻
		老王		以小见大	
		台阶		真实典型	
		卖油翁		生动细腻	
第四单元	修身正己	叶圣陶先生二三事	体悟生活选素材	生活中选材料	晒晒我们班的牛人
		驿路梨花		真实中出新颖	
		最苦与最乐		描写中有详略	
		短文两篇		平常中融趣味	
第五单元	生活哲理	紫藤萝瀑布	学会双线叙述	选择双线——景事同质	月亮
		一棵小桃树		细描景物——突出特点	
		外国诗两首		巧妙过渡（融合）——双线融合	
		古代诗歌五首		情感变化（哲思）	
第六单元	科幻探险	伟大的悲剧	尝试来点科幻	设置悬念和伏笔	未来的
		太空一日			
		带上她的眼睛		科学和爱国并线	
		河中石兽			

（二）八年级融通训练点

八年级是整个初中的承接年段，所以八年级的"读悟写"训练按课文特点，按篇章有选择进行训练；在八年级的课文里，每个单元选择有针对性的篇目，进行要点的训练，侧重整体文章的仿写与方法的具体运用（表4-2八年级上融通训练表）。相对七年级的片断和主题相结合训练，八年级的训练更加完整。

表4-2　八年级融通训练点

八年级上册					
单元	主题	课文	融通训练主题	融通训练点	训练题目
第一单元	变化社会	消息两则（我军三十万大军胜利南渡长江）	校园记者	反角色写消息	以国民党的名义发一则共产党大军南渡长江的消息
		首届诺贝尔奖颁发			
		"飞天"凌空——跳水姑娘吕伟夺魁记		特写镜头	描写校运会的一个比赛特写
		一着惊海天——目击我国航母舰载战斗机首架成功着舰		环境渲染	你是第一
第二单元	生活记忆	藤野先生	人物传记	典型的外貌	母亲小传
		回忆我的母亲		典型的性格	
		列夫.托尔斯泰		典型的特点（眼睛）	父亲小传
		美丽的颜色		典型的选材	
第三单元	美景依旧	三峡	化诗为文	细化景物	改写古诗
		短文二篇		细化手法	
		唐诗五首		细化氛围	
第四单元	情感哲理	背影	散文写作	细节特写	背影
		白杨礼赞		环境背景与象征	的礼赞
		散文二篇		意象与哲思	
		昆明的雨		散文三美	深圳的雨
第五单元	文明印迹	中国石拱桥	穿越历史	说明顺序	梦回
		苏州园林		生动场景	
		蝉		历史文明	
		梦回繁华			

续 表

八年级上册					
单元	主题	课文	融通训练主题	融通训练点	训练题目
第六单元	情操志趣	《孟子》两则	补白	辩证思维	现代版《愚公移山》
		愚公移山			
		周亚夫军细柳		补白心理	小说《周亚夫军细柳》
		诗词五首			

八年级下册					
单元	主题	课文	融通训练主题	融通训练点	训练题目
第一单元	民风名俗	社戏	乡土乡情	三美：景美人美情美	童年趣事
		回延安			
		安塞腰鼓		结构美：一咏三叹	仿写《塞腰鼓》
		年灯		历史美：文化的象征与传承	写一件有象征意义的物件（如蓑衣、长笛）
第二单元	科技之光	大自然的语言	有趣的自热	生动有趣的说明语言	仿写第一段：大自然的语言
		阿西莫夫短文两篇			
		大雁归来		拟人化手法	归来
		时间的脚印		单独成段——结构美	改写《时间的脚印》
第三单元	养性怡情	桃花源记	精神家园	心中的桃花源	改写或续写《桃花源记》
		小石潭记		大自然的慰藉	文言文版《记》
		核舟记		我的空间顺序	现代文版《核舟记》
		《诗经》两首			
第四单元	思想光芒	最后一次演讲	演讲与口才	语言的表现手法	演讲稿：我的梦想
		应有格物致知精神			
		我一声中重要的选择		对比说理	辩论稿：读书是不是唯一的出路

续 表

八年级上册					
单元	主题	课文	融通训练主题	融通训练点	训练题目
第四单元	思想光芒	庆祝奥林匹克运动复兴25周年	演讲与口才		
第五单元	江山多娇	壶口瀑布	我的祖国	多种修辞	写一篇游记
		在长江源头各拉丹冬			
		登勃朗峰		典雅用词	
		一滴水经过丽江		再品拟人化	一阵风走过
第六单元	情趣理趣	《庄子》二则	理性思辨	换位思考	鱼与庄子的对话
		《礼记》两则		教与学的思辨	文言仿写：教与学
		马说		寓言譬喻说理	说
		诗词二首		反衬融情	文言改故事

（三）九年级融通训练点

九年级是学生思维能力体系化的一个关键年段，从语言、主题、结构、技法等要有一个系统的提升和运用。九年级"读悟写"训练按作文主题特点，进行作文序列训练。整个训练分为12个主题（表4-3九年级主题训练表），有序有章地提升学生的语言和思维、培养鉴赏、进行自我创作。

表4-3 九年级融通训练点

主题序数	主题	训练题目
1	审题立意（选词定题）	的书包
2	谋篇布局	享受生命的惊喜
3	精选素材	美丽的
4	起承转合	你是尘埃也是光
5	以景串情	又到一年　　时
6	写出变化	风波
7	刻画细节	最美的风景
8	喻体寓意	心中有座山

续 表

主题序数	主题	训练题目
9	偏爱巧合	这样的夜晚
10	来点情趣	的味道
11	想象与联想	一个苹果
12	古诗镶边	心灵的约定/站在的枝头笑
13	呼应与点题	读懂

第二节 "读悟写"一体式教学的课程范式

在"读悟写"一体式实施的过程中,根据提炼的初中语文课文的"读悟写"的融通训练点,进行校本课程的编写,按照三个年级的不同特点,分为七八九三个年级的课程范式。

一、七年级"读写悟"一体式教学之课程范式

七年级的课程范式,按照七年年级的"读悟写"训练特点,片断和主题双线并进。具体范式按照"精彩语段"——"赏析感悟"——"类文再品"——"以悟促写"进行编排。四个课时为一个单元,单元仿写完成后,进行主题写作训练。

例:七年级第一单元第一课

写好动作描写

【精彩语段】

双腿瘫痪后,我的脾气变得暴怒无常。望着望着天上北归的雁阵,我会突然把面前的玻璃砸碎;听着听着李谷一甜美的歌声,我会猛地把手边的东西摔向四周的墙壁。这时,母亲就会悄悄地躲出去,在我看不见的地方偷偷地听着我的动静。当一切恢复沉寂,她又悄悄地进来,眼边红红的,看着我。"听说北海的花儿都开了,我推着你去走走。"她总是这么说。母亲喜欢花,可自从我的腿瘫痪以后,她侍弄的那些花都死了。"不,我不去!"我狠命地捶打这两条可恨的腿,喊着,"我可活什么劲儿!"母亲扑过来抓

住我的手，忍住哭声说："咱娘儿俩在一块儿，好好儿活，好好儿活……"

——《秋天的怀念》

【赏析感悟】

描写人物富有特征性的动作，以表现人物的性格、品质、身份、地位、处境、状态，叫做动作描写。写好动作描写，注意一下几个要点：

（1）根据人物行动的特定的背景中来进行刻画。文中"我"就是在双脚瘫痪后，脾气变得"暴怒无常"这样一个特定背景中。

（2）精选动词，表现人物特点。在"双脚瘫痪"这样一个特点的环境中，系列的动作都是突出"暴怒无常"这一特点。"望着望着""砸碎玻璃"，"听着听着""往四周摔东西"，"捶打"，都突出了"我"的暴怒无常。

（3）围绕人物的心理动态，巧用修饰语。三个修饰词"突然""猛地""狠命"，体现了我内心的无助无奈甚至绝望，而"偷偷地""悄悄地""忍住哭"则表现了目前对我的包容和关爱。

【类文再品】

再看床上，垫的是花床单，盖的是新被子，雪白的被底，崭新的绸面，呱呱叫三层新。陈奂生不由自主地立刻在被窝里缩成一团，他知道自己身上（特别是脚）不大干净，生怕弄脏了被子……随即悄悄起身，悄悄穿好了衣服，不敢弄出一点声音来，好像做了偷儿，被人发现就会抓住似的。他下了床，把鞋子拎在手里，光着脚跑出去；又眷顾着那两张大皮椅，走近去摸一摸，轻轻捺了捺，知道里边有弹簧，却不敢坐，怕压瘪了弹不饱。然后才真的悄悄开门，走出去了。

——《陈奂生进城记》

【以悟促写】

仿写一：

我的新同学

"报告。"有个怯怯的声音从门口传来。_____

【单元训练作品】

我的新同学

唐 斌

小学六年时光转眼逝去，步入初中后结识了新同学新老师，令我印象最深的是一位新同学……

他的身高不高，偏矮，不瘦不胖，有着一头纯黑色的头发和黝黑的肌体，让人一看就知道，这就是他。他眼睛水灵灵的，又大又亮，鼻子不是特别挺，但符合他的气质，耳朵有一点耳垂，看起来肉肉的，眉毛像关公的眉毛又粗又密，但他的性格却一点也不五大三粗的，却是比较温和。

他时常嘴里嘀嘀咕咕不知道什么东西，如有人问他在说什么，他便是一副慌慌张张的神色，却嘴里叨着："没什么，没什么。"给人一种说不清道不明，捉摸不透的感觉。他上课特别喜欢玩美术学具里面的彩泥和画画，每次他玩彩泥都玩得满手都是，看起来黏糊糊的。记得一次语文老师看见后，便一脸惊奇的问道："你手上是什么东西？"，他有些害怕，低垂着头，不停得揉搓着双手，不好意思回答。而我就想捉弄捉弄他，于是我代替他回答："老师，这是彩泥。"全班人都乐呵起来了，语文老师摆摆手，说："都多大了，还跟个小孩似的，快去洗洗！"他听后像如获大释一样，迈着步子，非一般跑出去了，又非一般的跑回来了。

每当他玩东西玩到入迷的时候，老师则巡视到开小差的他，于是…嘻嘻，老师便叫他起来回答问题。他懵懵懂懂地站起来，脸涨得红红的，像一只熟透了苹果，低下头去悄悄地问我："老师问啥啊？"每次这时候我都会心里偷偷地笑，可还是把问题告诉他了。他站在那里，一副若有所思的神色。我们都耐心地等待着他非同寻常的答案。他沉默一会，竟理直气壮地跟老师说："我不会！"顿时，全班一片哗然。

下午的时候，睡虫开始催我睡觉，阵阵倦意袭来，我忍住倦意，刚转头想和他讨论讨论问题的时候，却看到了一件不可思议的事情，他，睡着了，这一幕着实令我目瞪口呆啊！那节课是英语课，是实习英语郭老师上的课，李老师就在后面，当李老师看见他酣然大睡时，勃然大怒，叫我把他叫醒好好上课，他睁着睡意朦胧的双眼，令人意想不到的是，不到四十秒，他居然又睡着了，脸上还挂着笑容。

待他睡醒时，大家都争先恐后地围在他身边，七嘴八舌地讨论着。只见他把头一挺，眼睛瞪得又大又圆，脸鼓鼓的，稳如泰山地坐在桌子上，活像一只雄赳赳气昂昂的公鸡，从他的嘴里吐出："让一让，我要出去了！"清晰而有力。

然而，这样的他，记忆力确实惊人的好。那次语文背书抽查，他很不幸地成为了老师的青睐的对象，被老师叫到了讲台上去背诵。当别的同学在讲台上愁眉苦脸地咬文嚼字时，他拿书，从讲台的左边走到右边，从右边走到左边，就这样来回没有几圈，他竟然就找老师背书去了。只见他忽闪忽闪着他的大眼睛，没一会儿，老师就让他回座位了。不得不说，这也真是太快了。

这么有特点，个性的新同学，相信大家一定知道他是"何方神圣"吧？

我的新同学

陈依婷

刚来这个学校，不认识什么人，能理解我，跟我一起玩耍的，就只有她了。

她个子不高，有着一头乌黑发亮的短发。她的皮肤黄中略带一些棕色。

前面的头发卷卷的，总是翘起来，像一个个顽皮的小精灵。她的脸不大不小，瓜子形。大大的眼睛下有一双深深的卧蚕，可爱极了。她的眉毛弯弯的，浓浓的，一看就是一个积极向上的人。

"这个问题谁来回答一下？"老师在课堂上问道。几秒后，教室里鸦雀无声，一根针落在地上的声音都能听见。突然，一只乌黑微微颤抖的小手出现在大家的视野。老师高兴地点点头，叫她起来回答。她站起来了，手紧抓着裤子，手心不停的冒汗。"额——这道题应该这样做……"全班响起了雷鸣般的掌声，老师高兴得不停地点头，连声说："好，好，好……"她害羞地微笑了一下，不好意思地做下去，低着头，又紧紧抓着裤子。此后，课堂上老师提的问题都少不了她的回答，她的回答也越来越精彩。（环境、动作、神态描写很生动）

她是一个爱笑的女孩，她笑起来像个天真无邪的小孩子一样，让人看到了，心旷神怡，把烦恼都抛到九霄云外去了。（过渡得很好）

在她绽放笑容时，她那粉红小巧的嘴巴变得更可爱了。她把嘴角向上扬，形成一个弯弯的、粉红的月亮。但是，她的笑容可不拘于这一种，她还有一种极富感染力的笑容——大猩猩咆哮。对，没错，她大笑起来，嘴连同整张脸都往上扬，简直像一只大猩猩，让人看了也想跟着一起笑。在她"咆哮"时，她会把它小小的嘴巴张得格外大；粉红的嘴好像不是粉色的，是黑色的，又堪比黑山老妖婆！但是——我就是喜欢她的笑容。

这就是我的新同学，不，她是我的好朋友，能给我带来欢乐朋友。

你认为我的新同学怎么样呢？

二、八年级"读写悟"一体式教学之课程范式

八年级的课程范式，按照八年级的"读悟写"训练特点，每个单元选择有针对性的篇目，进行要点的训练，侧重整体文章的仿写与方法的具体运用。具体范式按照"精彩语段"——"品读赏析"——"感悟提升"——"类文再品"——"以悟促写"——"学生佳作"6个环节进行编排。

例：八年级第三单元第一课桃花源记

【精彩语段】

忽逢桃花林，夹岸数百步，中无杂树，芳草鲜美，落英缤纷。

复行数十步，豁然开朗。土地平旷，屋舍俨然，有良田美池桑竹之属。阡陌交通，鸡犬相闻。其中往来种作，男女衣着，悉如外人。黄发垂髫，并怡然自乐。

【品读赏析】

文章开端，先以美好闲静、"芳草鲜美，落英缤纷"的桃花林作为铺垫，引出一个质朴自然的化外世界。在那儿，一切都是那么单纯，那么美好。那里土地平坦，房屋整齐，有肥沃的土地、美好的池塘，有桑树竹子，小路交错相通，鸡和狗的叫声此起彼伏。那里没有税赋，没有战乱，没有沽名钓誉，没有勾心斗角。人与人之间的关系也是那么平和，热情。

作者的简净笔触，恰如其分地表现出桃花源的气氛，使文章更富有感染力。当然，这种理想的境界在当时现实中是不存在的，只是作者通过对大同社会的构想，艺术地展现了大同社会的风貌，是不满黑暗现实的一种精神寄托。

【感悟提升】

每个人都有自己心中的桃花源。或平和，或绚烂；或宁静，或热烈。心中有爱，世界每个角落都是桃花源。心中若有桃花源，处处都是水云间。每个人都有自己的心灵家园。

【类文再品】

生命是一树花开

余秋雨

生命，是一树花开，或安静或热烈，或寂寞或璀璨。

日子，在岁月的年轮中渐次厚重，那些天真的、跃动的、抑或沉思的灵魂，在繁华与喧嚣中，被刻上深深浅浅、或浓或淡的印痕。

很欣赏这样一句话：生命，是一场虚妄。其实，经年过往，每个人何尝不是在这场虚妄里跋涉？在真实的笑里哭着，在真实的哭里笑着，一笺烟雨，半帘幽梦，许多时候，我们不得不承认：生活，不是不寂寞，只是不想说。

于无声处倾听凡尘落素，渐渐明白：人生，总会有许多无奈，希望、失望、憧憬、彷徨，苦过了，才知甜蜜；痛过了，才懂坚强；傻过了，才会成长。

生命中，总有一些令人唏嘘的空白，有些人，让你牵挂，却不能相守；有些东西，让你羡慕，却不能拥有；有些错过，让你留恋，却终生遗憾。

在这喧闹的凡尘，我们需要有适合自己的地方，用来安放灵魂。也许，是一座安静宅院；也许，是一本无字经书；也许，是一条迷津小路。只要是自己心之所往，便是驿站，为了将来起程时，不再那么迷惘。

红尘三千丈，念在山水间。

生活，不总是一帆风顺。因为爱，所以放手；因为放手，所以沉默；因为一份懂得，所以安心着一个回眸。

也许，有风有雨的日子，才承载了生命的厚重；风轻云淡的日子，更适于静静领悟。

深深懂得：这世界上，并不是所有的东西都符合想象。有些时候，山是水的故事，云是风的故事；有些时候，星不是夜的故事，情不是爱的故事。

生命的旅途中，许多人走着、走着，就散了；许多事看着、看着，就淡了；许多梦做着、做着，就断了；许多泪流着、流着，就干了。人生，原本就是风尘中的沧海桑田，只是，回眸处，世态炎凉演绎成了苦辣酸甜。

喜欢那种淡到极致的美，不急不躁，不温不火，款步有声，舒缓有序；一弯浅笑，万千深情，尘烟几许，浅思淡行。于时光深处，静看花开花谢，虽历尽沧桑，仍含笑一腔温暖如初。其实，不是不深情，是曾经情太深；不是不懂爱，是爱过知酒浓。

生活的阡陌中，没有人改变得了纵横交错的曾经，只是，在渐行渐远的回望里，那些痛过的、哭过的，都演绎成了坚强；那些不忍遗忘的、念念不忘的，都风干成了风景。

站在岁月之巅放牧心灵，山一程，水一程，红尘、沧桑、流年、清欢，一个人的夜晚,我们终于学会了:于一怀淡泊中,笑望两个人的白月光。

盈一抹领悟,收藏点点滴滴的快乐,经年流转,透过指尖的温度,期许岁月静好,这一路走来,你会发现,生活于我们,温暖一直是一种牵引,不是吗?

于生活的海洋中踏浪,云帆尽头,轻回眸,处处是别有洞天,云淡风轻。

有一种经年叫历尽沧桑,有一种远眺叫含泪微笑,有一种追求叫浅行静思,有一种美丽叫淡到极致。

给生命一个微笑的理由吧,别让自己的心承载太多的负重;给自己一个取暖的方式吧,以风的执念求索,以莲的姿态恬淡,盈一抹微笑,将岁月打磨成人生枝头最美的风景。

心中若有桃花源,何处不是水云间?

【以悟促写】

每个人对桃花源都有自己不同的认识和见解,请根据你自己的理解,改写或续写《桃花源记》,不少于700字。

【学生佳作】

再寻桃花源

谢泽丰

渔人有一子,俊俏聪慧。

渔人找了桃花源十八年,可都没与结果。"为什么?我明明去过,我明明做了标记,为什么找不到?"渔人一直对桃花源念念不忘。

十八年,窗外的花开了又谢,谢了又开。可渔人根本无心顾暇其他事情,终日沉迷于寻找桃花源。他一次次划船去那片落英缤纷的桃花林,一次次失败而归。又一次次整装待发,又一次次落寞而返。日日、月月、年年,周而复始。

这是十八年里,他忘记了自己还有一个儿子,忘记了自己是个父亲,忘记自己是个丈夫。他不知道儿子何时已经会走路了,他不知道儿子何时已经不再和他说一句话,他不知道妻子一个人是如何耕种田地,他不知道曾经那个貌美如花的女子已疲惫成什么样子。

他错过了儿子成长的点点滴滴，他错过了自己家窗外桃花的一次又一次地绽放。

他只知道，他要找到那个桃花源，那个去过一次的桃花源。

夏天过去了，窗外已落英缤纷。

儿子离家出走了。

妻子从早上到傍晚，一直寻找。纵使山路泥泞，纵使满头大汗，妻子也仍在寻找，因为儿子是她的一切，是她最苦再累也要守护的人。

花瓣飘落至渔人头上。

渔人顿时大梦初醒，妻子如此的深爱儿子，而身为父亲的他却用了大把时间，来寻找那个若隐若现的桃花源，因此错过了儿子的成长，没能给他足够的父爱，同时错过了窗外的花的绽放，浪费了美好年华，失去了陪伴儿子成长的机会。

夕阳为世间万物披上金色的衣裳，将渔人的窗照的像火一样红。

渔人看着落日，满腹忧伤地说："难道我们的亲情，我的生命会像这落日的余晖一样暗淡消失吗？可是我还没有好好陪我的妻子和孩子，我还没好好赏窗外的花，我还没好好感受世间的美好，我还没找到桃花源……"

月亮已悄悄爬上了柳树枝头。

儿子回来了，渔人抱着儿子痛哭。他辜负了儿子太多太多，无以偿还。

失而复得，这是世界是最美好的感觉了吧，这也让渔人懂得了，面对生活最好的态度便是不辜负了吧！渔人辜负了太多，只为那个不确定的桃花源，可这值得吗？快乐活在当下，不辜负每一个阶段，不辜负每一个人，不辜负每一场花开，不要等失去了，再去惋惜，不要错过了，再去热爱，那将无济于事。

用心去热爱值得爱的人，用心去欣赏每一场花开，生活处处都是桃花源。

桃花源记

林漫祺

现今是东晋太间，我乃武陵郡一位平凡无奇的百姓，以打渔为生。

这天天气晴朗无风，我像往常那般溪水行船，外出捕鱼；大约是立春的来临，我竟忘记了路程的远近，内心一片欣喜，听着鸟鸣声和蛙鸣声，光顾着欣赏这些引人注目的春光了。

忽然，一片粉红色映入我的眼帘，原来是长在两岸的桃花林。以前怎么没发现有这么个好地方呢？这儿长达几百步之远，中间也没有其他的树，花草鲜嫩美丽，桃花瓣儿随着风都纷纷散散在空中起舞，随之在地上安静地躺着。我为眼前的良景所诧异，把船继续驶前，想要找到尽头。

这桃花林的尽头啊，便是溪水的发源地；这儿有一座山，山中有一个小洞口，洞里不时冒出点点金光。好奇心驱使着我把船划过去一探究竟，下船走向洞中"探险，"一开始十分狭窄，只容得下一人通过。越走越深后，山洞渐渐开阔明亮起来。一片平坦宽广的土地，一排又一排的古老式房屋，田地里的牛羊，池塘游动的小鱼以及大片大片的竹林在我眼前展现得一览无余。再仔细一看，人们各有各的事儿干，男女老少的脸孔都挂着灿烂的笑容。蛙鸣、鸟鸣在林中交响奏乐，好一处世外桃源！

我忍不住向前走去，村民一见我，都议论纷纷；其中一位青壮年，看起来大约三十岁有余，走向我，平静地问道：

"怎么从来没有见过你？你从哪里来呢？"

我将自己路上所遇一一道去，没有半点隐瞒。

太阳已高挂在正空，这位大哥邀请我去他家做客。他的妻子儿女对我很是热情，拿出好酒，杀了鸡鸭肉来款待我。我甚感荣幸。孩子们出于对我这个陌生人的好奇，更是交谈居多。

午饭过后，越来越多的村民围绕在这个大哥家门口，想见一见"外面的人"，我欣然答应；我们找了一处竹林小溪，坐下来聊天；还配备着妇女们准备的点心，果真是人间仙境！在交流的过程中，他们说，他们的祖先是为了躲避先秦时候的战乱，带着妻子儿女和同乡的邻人们一同找到此地，便一直在这安居乐业，日出而作日落而息，谁都没有再想出去过。

"听说，当时秦始皇的暴政压迫剥削百姓，无情地残害了许多人呐！"一位大婶惋惜地跟我说道。

"从那以后，我们便与外界断绝了来往，几百年来，你是第一个发现我们这个地方的人物。"另外一位妇女说着，便笑着向我点点头。

"现在是什么朝代了？还是秦吗？"一位少年眨巴着水灵灵的大眼睛问道。

"汉朝，知道么？"我笑着反问道。

少年摇摇头，表示不知情，"没有听说过。"

"哈哈，现如今是东晋。既然不了解汉朝，又怎么会知晓魏晋两朝呢？"

一个下午就这么热热闹闹地过去了。这儿的村民实在是出乎我的意料，每个人对我无一不是以热情相待。我常常这里吃一顿，那里留一宿。就这样轻轻松松地过完了几日之后，我猛地想起家中的双亲还在等待，我怕他们着急，不得不离开了。于是乎在第七天的早晨，我终是告别此，村民们都来欢送我了，并表示以后可以一个人常来。他们为我准备了上好的桃花糖和桃花酱以及各种当地的特产，在我临行前嘱咐："不必要向外界说起此地啊！"我自然是欣然答应了。

顺着山洞的出口，我又乘船原路返回。

"要不带爹娘来看看？我想他们应该不会介意的吧？"我心想着。便悠然一路留下了许多记号。

返回到郡城后，第一件事情当然是回家；爹娘果然着急了，我顾不上解释，拉起他们的手便要再次一同前往，他们看我平安无事归来，也不计较过多，高兴地同我一起前往。

我一面划船一面寻找记号，可最终却迷失了方向，再也找不到通往桃花源的路了。

寻不到也罢，平安喜乐便是好。

三、九年级读写悟"一体式教学之课程范式

九年级的课程范式，按照九年级的"读悟写"训练特点，按照写作主题有针对性的专题，，侧重中考作文的方法的具体运用。具体范式按照"方法指要"——"例文赏析"——"你来点评"——"课文再现"——"修改""训练背景"——"习作分析"——"方法指导"——"例（美）文再赏"——"修改升格"——"牛刀小试"6个环节进行编排。

例：九年级主题训练

景物串情，使作文顺起来

【训练背景】

一砖一瓦皆是诗，一草一木总关情。一切景语皆情语。"昔人论诗，有景语情语之别，不知一切景语皆情语也。"一切写景状物的文字都是作者表情寄意的载体，景与情，情与景，二者相因相成，不可分离。有些作文由于生活的体验似乎太过于单一，写出的作文缺少了真性情。于是很多文中出现了喜欢用大篇幅的景物描写，来追求辞藻的华美，但为景物描写而景物描写，文章缺少了真情实感。

【习作分析】

又是一年春草绿

李雅雯

一日之计在于晨，一年之计在于春。

——题记

① 春回大地，万物复苏。在春萌动的情怀里，思绪会随着春风一起飘逸，心情也会随着春雨一起飘洒，一缕阳光，一簇憨笑的迎春，一条嫩绿的柳枝，一朵姹红的月季，一只一雀跃的鸟儿，都会成为春天最美丽的音符。

② 春天到了，小草偷偷的从土里钻出来，一棵棵都披上了嫩绿的衣裳。从远方回来的小鸟，唱着清脆的歌，泉水"叮咚叮咚"的伴奏。我和妈妈走

在田间的小路上，一阵阵混着泥土的清香春风扑面而来。田间的大人们都在播种插秧，我那时还小，好奇地问妈妈："为什么一定要在春天的时候种地，夏天不可以吗？"妈妈笑了，"春天播种，秋天就丰收了，一日之计在于晨，一年之计在于春。"我心里疑惑道，什么之计在于晨，什么之计在于春，真不懂。我不明白的额挠了挠脑袋。妈妈看着我的样子，便说："简单点告诉你，就是春天不播种，秋天就没有收获。每天最好的时光在早晨，一年最好的季节在春天。在早上要把一天的事情规划好，在春天要做好一年的事情想好，做好。好的开始是成功的一半。"我似懂非懂的点点头。

③ 眨眼间，一个个春夏秋冬过去了，光阴似箭，日月如梭，一个新的春天又来到。

④ 今年的春天来得格外的迟，春雨也是姗姗来迟，如今春天已在眼前，触手可及，我能感受到她温暖的呼吸。

⑤ 早晨，一缕缕阳光从窗花透了进来，像一束束鲜花。新的学期开始了。高尔基说："青春是有限的，智慧是无穷的，趁短的青春去学习无穷的智慧。"晨风抚过松林，飒飒作响，那是林海的呼吸；初阳掠过草地，拾起珠玑，那是天外的暖意；蝶翅轻拍花朵，轻舞飞扬，那是新生的涌动；绿叶滴下晨露，折射阳光，那是春天的生机。

⑥ 这个绿意盎然，生机勃勃，充满希望，稍纵即逝的春天，我一定要努力读书，让自己在新的一年，有一个好的开始。

【方法指导】

1. 明确主题定基调

"莺争暖树"，"燕啄新泥"，"乱花渐欲迷人眼"，一派生机，诗人"行不足"，欣悦无比。而身逢乱世的诗人杜甫看到的却是"国破山河在，城春草木深"，一片凄凉，以至见花流泪，闻鸟心惊。景物无意而人多情，触景生情，景因人异，所有首先要明确主题定下基调。

尽管作文题目相同，但是每一篇作文都会有一自己的主题和基调，以这个作文为例《又到一年春草绿》，全班就有近十个主题：有赞美春天的、有珍惜友情的、有保护环境的、有思念亲人的、有抒发哲理的……

明确了主题，把握文章要表达的情感，才能用好景物描写，否则再优美的景物描写不能做到锦上添花，只能是别扭硬套。

例文要表达的就是在春天这么美好的季节与母亲一起散步，感受大自然的生机和活力，抒发表达的是抓住美好时光的主题。

2. 准确词语（意象）述感官

在运用景物描写时，善于选用准确的景物贴切的词语描述人的感观。《又到一年春草绿》，肯定要选取具有春天特点，还要具有自己家乡特色的景物，通过自己眼睛看见的、耳朵听见的、鼻子闻到的、手触摸到的、心里感受的，然后选取能体现景物特色的词语进行具体的描述。

冰心的《谈生命》里，把生命比作东流的一江春水，当碰到"巉岩前阻"就"愤激地奔腾了起来，怒吼着，回旋着，前波后浪"，当遇到"细细的平沙，斜阳芳草，夹岸红艳的桃花"就是"静静地流着，低低地吟唱着"。准确形象的词语突出景物的特点，突出人物的感观。

有同学在文中这样写道："春风轻轻地在梧桐树的尽头，梧桐的叶子齐刷刷地落下，像一队队的小士兵，向我招手致意。"春天的梧桐的叶子齐刷刷地落下，春天选择"梧桐"的意象本已不是特别的符合春天的氛围，再"齐刷刷落下"已很不准确了。

3. 运用修辞写特点

修辞手法的使用，不仅是在景物描写中，这一直是作文训练的一个要点，因此学生对此并不陌生。在景物描写施，运用恰当的修辞手法，展开联想与想象，能神形兼备，既能表现景物的特点，又能体现人物的心情。

"桃树、杏树、梨树，你不让我，我不让你，都开满了花赶趟儿。红的像火，粉的像霞，白的像雪。花里带着甜味儿；闭了眼，树上仿佛已经满是桃儿、杏儿、梨儿。花下成千成百的蜜蜂嗡嗡地闹着，大小的蝴蝶飞来飞去。野花遍地是：杂样儿，有名字的，没名字的，散在花丛里，像眼睛，像星星，还眨呀眨的。"

这是朱自清先生的经典散文《春》的一段描写，比喻、拟人、排比等，将春天的生机盎然全部都描述了出来，也能从这段文字中体味出作者看到春景的愉悦和赞叹。

4. 关键位置互呼应

文章的景物描写可以在开头和结尾，也可以段中使用。开头写景，交代背景，奠定基调；文中写景，衬托人物心情，推动故事情节的发展，激起情感的迸发；文末写景，前后呼应，深化主题、升华情感。

景物描写也要有个主要的脉络，或者主要的意象，在关键的位置，比如开头、结尾和中间叙述中相互呼应，相互推动。

例文从标题上看"春草"为一主要意象，学生习作除了选择"春草"还有一个重要的意向"春雨"。从这一点来看，这篇文章还是抓住了文章的特点，在全文也有呼应。

5. 景与人和谐一致

景物描写与人物性格，与文章的主题情感应该是一致的，是为突出人物性格，表达主题情感服务的。可以集中写景，也可以把景事人串连在一起写，无论是哪种写法，必须使景物同人物的思想感情一致，与文章表现的气氛协调做到寓情于景，情景交融。

例文的第二段和第五段的景物描写是写得非常不错的，小草、春花、泉水和田间劳作的农民，景与人的氛围比较一致，但第五段最后的排比，显得有点刻意，如果细化为场景，加上一些人的元素，会更加和谐。

"雨是最寻常的，一下就是三两天。可别恼。看，像牛毛，像花针，像细丝，密密地斜织着，人家屋顶上全笼着一层薄烟，树叶儿却绿得发亮，小草也青得逼你的眼。傍晚时候，上灯了，一点点黄晕的光，烘托出一片安静而和平的夜。在乡下，小路上，石桥边，有撑起伞慢慢走着的人；地里还有工作的农民，披着蓑戴着笠。他们的房屋，稀稀疏疏的在雨里静默着。"

此段也是描写春雨，但是雨和灯和人融合在一起，温馨和谐，趣味更浓。

【例文再赏】

一段繁华似锦的旅程

黄靖怡

我从未见过开得如此盛的木棉花。

只见密密麻麻的粉红色的花朵像一张张绽放的笑脸,在光滑褐色的树干上翩翩起舞。这深深浅浅的红,从路的这头一直涌到了路的那头,仿佛在流动,在欢笑,在和冬日里的阳光挑逗,在地面上灿烂的红的、粉的、黄的连成一片的小花温柔相互争艳。

深圳的冬天,竟然繁华似锦。

我无声地叹了口气,眼前浮现了妈妈那张不容置喙的脸庞"演唱会有什么好看,就要考试了,在家写作业。"作业,作业,又是作业,在妈妈眼里,作业胜过一切。我不明白,看场演唱会,就那么耽误我的作业吗?我快步往前,和爸爸妈妈拉开了距离——带我来看花展就不耽误学习了?

阳光依旧灿烂,木棉花依旧盛开。

这里是秋末冬初,可路上明媚如春,那一树一树的木棉花像似挨在一起,花朵彼此推着挤着。

"我在开花!"它们在笑。

"我在开花!"它们嚷嚷。

我的心似乎也融入到了这种灿烂里。

是啊,不就是演唱会吗?寒假了也可以去看啊,我回头看向爸爸妈妈。他们走得有点慢,尤其是母亲,以前苗条的身材似乎有点变形,略显粗壮;一头秀黑的长发,也已剪成了学生头。用她的话来说,简单就是效率。

我有种莫名的心酸。

曾经那么爱美的妈妈,竟然也开始走向苍老。是妹妹的出生,让妈妈晚上睡不好觉?是我的青春叛逆,让妈妈内心焦虑?是工作的繁忙,让妈妈整日操劳?我的眼前,是妈妈大清早为我准备早餐,为妹妹准备辅食;晚上,一边给妹妹递过玩具,一边为我讲解题目;半夜,当我们已经睡了,妈妈还在备课改作业。

木棉花为什么可以开得如此茂盛？

盛开的木棉花像一张花伞，整棵树上竟然全部是花朵，没有一片叶子。这一棵棵光滑的褐色的树干挺拔地站立，孤独地站立，就为了擎起这一树树灿烂的、闪光的木棉花。让我们旅途的路上繁花似锦。

妈妈，你就是那孤独地挺立的树干。因为你们，因为你们的付出，我们的人生旅程才能繁花似锦。

我走向爸爸妈妈，一手牵着爸爸，一手牵着着妈妈。妈妈忽然说："如果你想去看演唱会，我们陪你一起去吧，你一个人，我和爸爸不放心。"

我牵着爸爸妈妈，看着这灿烂的木棉花，笑着告诉他们："我现在就想和爸爸妈妈快乐地旅行，我们一起开启繁花似锦的旅行。"

评析：本文用比喻拟人等修改手法生动形象地描写了木棉花的颜色、形状和态势，同时，以木棉花为线索，几处单独成段，相互呼应又推动了事件的发展。木棉花和母亲的形象融为一体，融情于景，表现主旨。

【修改升格】

又是一年春草绿

又到一年春草绿，遥记故乡千里情。

——题记

① 春回大地，万物复苏。挥手告别了寒风刺骨的冬季，我们又迎来了绿意盎然的春天。春天，使我们找回了一切。春天，是一个万能的季节。

修改后：

春回大地，万物复苏。挥手告别了寒风刺骨的冬季，我们又迎来了绿意盎然的春天。春雨温柔地从空中斜织下来，田野里的小草都探出了小脑袋，长出了嫩嫩的芽儿，嫩嫩的，绿绿的，一大片一大片满是的。（呼应标题）

又是一年春草绿，父母也该回来了吧！？（点明主题、奠定感情基调）

② 我记得爸妈出去打工的那一夜也下了如此凶猛的雨，先是料料峭峭，

时而淋淋漓漓，时而淅淅沥沥，天湿湿地湿湿，他们一起打着一把伞，我跑到雨中伤心地哭了起来，我伫立雨中大喊："爸爸妈妈，别走。"只见他们回头说："我们一年多会回来的。"只见他们转头继续走，爷爷出来抱着我说："他们一年多会回来的。"于是，我进去了，我静坐在门前，聆听春雨在啼啼作响！心儿被这柔情浸润得荡气回肠。思绪穿过雨声屏障的困扰，仿佛回到刚才那一刻。

修改后：

我记得父母出去打工的那一夜也是一个雨天，先是料料峭峭，时而淋淋漓漓，时而淅淅沥沥，天湿湿地湿湿，他们撑着一把伞向村口走去，愈走愈远。我跑到雨中伤心地哭了起来，伫立雨中大喊："爸爸妈妈，别走。"只见他们回头说："明年春草长出来的时候，我们就会回来的。"只见他们转头继续走，爷爷出来抱着我说："明年开春，他们就回来了。"（关键位置呼应）

③ 故乡的春天来得比较早，我早已忘记了昨夜之事。春风轻轻地在梧桐树的尽头，梧桐的叶子齐刷刷地落下，像一队队的小士兵，向我招手致意。我拿起扫把扫起了落叶，爷爷说："快点扫，去山上装点菜下来。"我们就像和谐欢乐的一家人。

修改后：

我静坐在门前，聆听春雨在啼啼作响，思绪穿过雨声屏障的困扰，仿佛回到相聚的那一刻：父母还是同撑着一把伞，从村口缓缓走来，脸上的笑容在春雨中像是快要绽开的花蕾。轻快的双脚溅起调皮的水花，欢呼雀跃。（准确的用词和修辞手法衬托心情）

④ 春雨像个勤快的人，从早到晚忙碌的工作。雾气渐渐弥漫了四周，老屋的屋瓦浮漾湿湿的流光，灰而温柔，迎光则微明，背光则幽暗，对于视觉，是一种低沉的安慰。至于雨敲打在鳞鳞千瓣的瓦上，由远而近，轻轻重重轻轻，夹着一股股的细流沿着瓦槽与屋檐潺潺泻下，各种敲击音与滑音织成网。

⑤ 在我的记忆力，母亲很喜欢春天。喳喳的喜鹊在叫着，门崖上的春花

也烂漫成了一团团绿色的舞,在我面前形成了我爸爸妈妈的影子,我想去抱住他们,可是却消失了。

修改后:

还记得那年的春天,亦是春雨绵绵。雾气渐渐弥漫了四周,老屋的屋瓦浮漾湿湿的流光,灰而温柔,迎光则微明,背光则幽暗,对于视觉,是一种低沉的安慰。至于雨敲打在鳞鳞千瓣的瓦上,由远而近,轻轻重重轻轻,夹着一股股的细流沿着瓦槽与屋檐潺潺泻下,各种敲击音与滑音织成网。母亲坐在院子里,纳着鞋垫。一针一针,一线一线,犹如那密密的春雨在游走,走成了一排又一排。我端着一个小板凳,坐在母亲旁边,时而看看雨,时而看看母亲手里的鞋垫,觉得母亲的手是如此的奇妙,母亲纳出来的鞋垫比春雨还细还密还工整。(景与人与事的和谐一致)

⑥ 爸妈出去了很多年,每每想到故乡的土地和春天,更想念出门在外得母亲。只要有春天就有希望,一丝阳光、一条嫩绿的柳枝、一簇含笑的迎春都会成为春天最美的音符。

修改后:

爸妈出去了很多年,每年的春天,每当春草绿了的时候,我都会远远的望着,切切的盼着。只要有春天就有希望,只要春草变绿,父母就会回来的。

⑦ 又到一年春草绿,故乡的春天增添了暖暖的春意,我也感受到了母亲的亲切的笑容,父亲的真切的笑容。当我听到雨声,我仿佛看见了爸妈在绿色的草地向我笑盈盈地走来,尽管父亲是从来都不会笑的。

修改后:

又到一年春草绿,斜斜的温柔地雨中,我仿佛看见了爸妈在嫩嫩的绿绿的草地向我笑盈盈地走来,尽管父亲是从来都不会笑的。(呼应开头的景物描写和主题)

【牛刀小试】

请以"又到时"为题,写一篇不少于700字的作文。

【学生作品】

又到荷花盛开时

谢毓明

夏日，又到荷花盛开时，公园里堆满了游人，为的是一睹荷花之美。

商人们在池前售卖美食，吆喝声接连不断，与游人的玩笑声、孩童的嬉戏融为一体，汇成了一支独特的合唱，那美味的食物，散发出诱人的香气，与远处轻轻飘来的荷花相互融合，融成一阵独特的香气。

游人们都迫不及待地挤到池前，一睹荷花之美。见到荷花，无不侧目、惊叹、赞美，来这里观荷的游人都拍照留恋，亮出自己最动人的笑容，与身后最动人的荷花形成的一道美丽的风景。

满园的游人，还有那满池的荷花。

池上，碧绿的荷叶在阳光的照射下，显得尤为青翠，就如翡翠一般，翡翠铺满了大半个池塘，就像一片碧绿的海洋。有许多荷花从这一片碧绿间探出头来，它们有像青涩的少女，两颊酡红，红的像婴儿，两颊粉嫩，白中带粉，可爱极了。风轻轻一吹，满地荷花也轻轻点起头来，浓郁的荷香也随这风，朝人飘来。

我离开那如同潮水般的人群，远离那热闹的人群，意外的发现了一个幽静的小荷塘——只有一株荷花的池塘。

小荷塘两边有浓绿的大树，因此塘水也是浓绿色，浓得深邃，小小的塘上只有几篇荷叶，深绿色的荷叶上蹲着几只绿色的青蛙，蛙声连绵不断，与树林间的蝉鸣汇合成一曲自然之歌。塘上只有几朵荷花，有的还未开放，荷尖上不时有蜻蜓停驻，我不由地想到那首诗，"小荷才露尖尖角，早有蜻蜓立上头"风轻轻一吹，几片荷叶也轻轻一点，淡淡的荷香也随着这风，朝人飘来。

不远处有个金发女郎，长的一双漂亮而富有生气的绿色眼睛，眼睛似乎反射着那深邃的吃水、深绿的荷叶、可爱的荷花。她身上的旗袍，手中的本子，都描绘着荷花——一个酷爱荷花的外国女子。荷香飘来，她便闭上眼睛、踮起脚尖、张开双臂，全身心地迎接那荷花的香气，好让每一个细胞都完全吸收荷花的香气。

静下心去享受这别样的风景。

又到荷花盛开时，那深邃的池水、深绿的荷叶、可爱的荷花、爱荷的女子，还有那个幽静的我，是最美的风景。

又到山茶花开时

王炜铭

又到二月，山茶花盛开，开满了整片山，如此艳丽。

山茶花是爷爷的最爱。

爷爷本也是一个慈祥和蔼的老人，可自从奶奶去世之后，爷爷的脾气变得很怪。每天他都喜欢站在院里的那棵山茶树旁，久久伫立，时而惆怅，时而微笑，时而叹息。

有一天，爷爷忽然提出要把后面那座荒山种上山茶花。远在外省打拼的爸爸和叔叔坚决反对，可是固执的爷爷像铁了心非要种。还理直气壮地说，种山茶花是他自己的事情，不需要儿辈们帮忙。

于是，年迈的爷爷肚子开启了种山茶花的道路。

种山茶花说起来容易，做起来却是非常辛苦。除杂、翻土、移栽、浇水。山虽不是很大不是很高，但早已杂草丛生了。爷爷每天一小块一小块，执着地坚持着。爸爸无奈地说："这个倔老头这样开垦得开到什么时候去啊，总有一天他会放弃的。"看着满头白发，步履蹒跚的爷爷，我也默默地说："爷爷，停下来吧。"

慢慢地，我们慢慢淡忘了这件事。时间在各种各样的琐碎的事情中，在一张张试卷中慢慢过去了。有一天，忽然接到爷爷的电话："铭铭，什么时候回来？回来看看爷爷的山茶花。"

我猛然一惊，爷爷的山茶山竟然真的开成功了。带着疑惑、带着诧异、带着感动、带着佩服，我回到了老家。

正是二月，山茶花盛开的季节，漫山的山茶花在和煦的风中笑逐颜开，几十片心形的花瓣叠叠层层，开得芬芳馥郁，开得欢快舒畅。我无不怀疑眼前这片山茶林是真的，于是用手小心翼翼地去抚摸，用鼻子去深深的吮吸，那柔软的花瓣，那淡雅的清香幸福的告诉我：她们是春天里快乐的山茶花。

　　爷爷带着我漫步在山茶林，微笑着满足地看着他的山茶林。忽然，他在一棵开得最盛的山茶树边停下，端详着一朵娇艳的山茶花自言自语地说："我和你奶奶就是在山茶树下认识的。我记得第一次见你的奶奶就在老外公村口的一棵茶树下，当时奶奶正在树边看花，红红的花瓣映得你奶奶的脸粉红粉红的，好漂亮。"

　　"你奶奶最喜欢的就是山茶花。"爷爷忽然回头看着我说，"每年我都会送她山茶花，晒山茶花瓣给她泡茶喝。"

　　原来，山茶花是奶奶的最爱。

　　"将来我要奶奶旁边，在这座山茶林里，一起闻着这些花香入眠。"

　　我恍然大悟，奶奶的坟就在这座山上。爷爷这么执意的开垦他的山茶林是为了守望他和奶奶那刻骨铭心的爱情。

　　又到山茶花开时，看满头白发的爷爷，在灿烂的阳光下幸福的看着那些艳丽烂漫的山茶花，犹如多年前在山茶树在初见奶奶一样，触动着他，也触动着我的心灵。

第三节 "读悟写"一体式教学的策略探究

一、"读悟写"一体式教学"以读促悟"策略探究

语言是有颜色的，语言是有温度的，语言是有生命的，语言更应该是有声音的。《语文新课标》指出：要让学生充分的读，在读中培养语感，在读中感受情感的熏陶。"朗读是语文学习的重要途径，只有读得充分，才能更加深刻感知人物的形象，品味文字的内涵，感悟生命的真谛。下面以《散步》教学为例，重点探究以读促悟在教学实践中的运用。

（一）变化句式，读出生命的诗意与美好

闻一多先生提出了诗歌的三美，即音乐美、绘画美、建筑美。语文课文里，很多文章写得很美，选词富有色彩，极有画面感，并且有节奏有韵味，读起来就像一首首诗。此时，将这些文字变换句式，把本相对较为匀称的句子变成诗的格式。

《散步》这篇文章中，有一段文字写春天到来时的美好景象。笔者在教学中，将这段文字变换句式，以诗歌的形式来呈现。

这南方初春的田野
大块小块的新绿随意地铺着
有的浓
有的淡
树上的嫩芽也密了
田里的冬水也咕咕地起着水泡
这一切都使人想着一样东西——生命

新绿、嫩芽、水泡，绿绿的、嫩嫩的、咕咕的，这无疑就是一首赞美春天的小诗。在这样诗意的句式中，在一次又一次的朗读中，春天的颜色、复苏的气息，迎面扑来，眼前不由自主地出现一副春天的画面，感受到春天的旋律和那不可遏制的朝气。

诗意的语言、诗意的画面、诗意的句式、诗意的朗读，读出了生命的诗意和美好，读出了对生命的礼赞。

（二）删换词语，读出生命的艰辛与无奈

在文章中，有些语句非常平常，表面看起来并不深奥，意思也不难理解，但细细品味，却会发现词语用得非常精妙传神，耐人寻味。此时，在教学中，通过减一减、换一换，让学生对比朗读，推敲揣摩用词的精准，感悟句子蕴含的深意。

笔者在《散步》的教学中，将"但是春天总算来了，我的母亲又熬过了一个冬天"，删掉"总算"和"又"，把"熬"换成了"度"将两句话放在一起，让学生对比朗读。

但是春天总算来了，我的母亲又熬过了一个冬天

但是春天来了，我的母亲度过了一个冬天

删减词语之后，学生对比朗读，能总结出：一个"总算"读出了儿子对母亲身体的担心，对母亲是否能够平安地度过这个冬天的焦虑；一个"又"字读出了母亲身体不好已经很久，儿子的这种在冬天里的担忧也很久了，同时也读出了儿子为母亲平安度过冬天的庆幸和安心；一个"熬"字读出了母亲年事已高，身体不好，备受严冬的摧残。

很多学生在几次对比朗读后，长长地舒了一口气。可以看出，删换了词语之后的对比朗读，读出了随着时间的流逝，生命是艰辛的，是无奈的。这样的删换，也让学生们体会出用词的准确精妙，挖掘出其蕴含的深意。

（三）角色互换，读出生命的沉重与残酷

角色朗读可以充分发挥学生自身的特点，尊重学生的个体差异。而角色互换，又能换位体验，多角度对比理解。在角色朗读后互换角色，可以先体会个性特点，又能增加体验。

在《散步》中，分开朗读，我们能从春天的景物描写中诗意，能从"母亲熬过一个冬天"读出生命的艰辛。那把这种美好和艰辛放在一起读呢？笔者在教学中，让女生朗读景物描写的那一段，让男生朗读熬过冬天的那一段。然后再交换角色，体会感悟。

女生：这南方初春的田野，大块小块的新绿随意地铺着，有的浓，有的淡；树上的嫩芽也密了；田里的冬水也咕咕地起着水泡。这一切都使人想着一样东西——生命。

男生：今年的春天来的太迟，太迟了，有一些老人挺不住。但春天总算来了，我的母亲又熬过了一个严冬。

冬天来了春天还会远吗？大自然四季更替，周而复始。可是，人呢？在自然面前，在岁月面前，日益衰老，艰难地熬过严冬，或许抵不过严冬。生命在岁月面前，是何等的沉重，何等的残酷。

女生的声音柔和，男生的声音厚重，在这种角色的互换朗读，这种对比越加的分明，这种感悟也会越加深刻。

（四）同句组合，读出生命的轮回与传承

同句组合，是指在一篇文章里，有很多句子的内涵是相似，把这些内涵相似的句子排列在一起，反复朗读，会读出单个句子没有的意境。

她现在很听我的话，就像我小时候很听她的话一样。

前面也是妈妈和儿子，后面也是妈妈和儿子。

我的母亲老了，她早已习惯听从她强壮的儿子；我的儿子还小，他还习惯听从他高大的父亲。

我蹲下来，背起了母亲，妻子也蹲下来，背起了儿子。

我的母亲对染高达，然而很瘦；儿子虽然胖，毕竟幼小，自然也轻。

笔者将《散步》里这几句话组合在一起，让学生反复朗读，看学生能否读出这组句子里的内涵。事实上，在这样的朗读中，学生们很快能够感悟到，母亲、我、儿子，三代人之间的轮回：小时候，很听母亲的话；长大后，母亲习惯听我的话；现在，儿子很听我的话，以后，我会听儿子的话——我们都是在这样轮回和传承。

在这个时候，笔者再将文章的最后一句话"好像我背上的和她背上的就是这个世界"，一起给学生进行解读，在人类历史的长河里，我们每个人的生命是有限的，有终止的，但是人类的生命就是像四季一样生生不息的轮回，在这种轮回中，我们还在传承着文化和精神——孝顺、和睦和责任。

苏轼云："三分诗，七分读。"其实，文亦如此，"读书百遍，其义自见"，只有充分地多形式地朗读，最大限度地融合精神于自己的情感体验中，方能更好地激发学生的潜质，多角度地解读文字的内涵，挖掘文字的生命内涵。

二、"读悟写"一体式教学"以悟促写"策略探究

语文教学的目标——听说读写。看似简单的四个字，其实包含了语文教学全部的内涵。善听、能说、泛读、会写，如果一个语文老师，能将培养好学生的这些能力，对学生的一生都是有益的。叶圣陶先生说："学生须能读书，须能作文，故特设语文课以训之。"在语文教学过程不能为了阅读而阅读，为了作文而作文，而应该讲两者相互结合，读写融通。在读中感悟，在悟中写作，实现读悟写一体式的语文教学课堂，更全面地培养学生的能力，进而实现语文教学的目标。

（一）选段搭桥，让仿说成为常态

首先，我们语文老师对"写"要树立一个正确认识，"写"不仅是书面的写作，也包括口头的表达，而"仿"包括仿说和仿写。每一篇文章都一些经典的句子或者段落，只要教师在备课的过程中，用心留意，就可在课堂中拿出来，作为课堂仿说或仿写的素材。

经典段落，作为仿说和仿写的素材，，在这个仿说和仿写的过程中，教师搭建支架，为学生感悟提供一个跳板，让学生悟出仿说和仿写的要点和方法。学生在课堂仿说中，有比较，有提升，也会用在仿说中感悟到的方法为自己的写作增添色彩。

《冬阳.童年.骆驼队》一文中，文中有段关于小英子模仿骆驼的文字：我站在骆驼的面前，看它们吃草料咀嚼的样子：那样丑的脸，那样长的牙，

那样安静的态度。教师在屏幕上要求学生这样仿说：我站在——的面前，看着——的样子，那样的——，那样的——，那样的——。并且这样的仿说就引导学生从眼前的老师、同学和物件说起。

教师特别强调要符合所选的人物或事物的特点，让大家眼前立马浮现这样一个样子。

我记得当时有个学生的回答是：我站在（校长）的面前，看着他（沉思）的样子，那样的（专注），那样的（深沉），那样的（睿智）。几个形容词一出，精彩极了。教师当即表扬他，并且总结一句：这个校长很校长。在他的带动下，大家妙语连珠，各种奇思妙想纷呈而出。

我们都知道，"模仿"是一种重要的学习方法，习字要临帖，画画要临摹，作文也要从模仿开始。模仿什么呢？一个很重要的渠道就是仿写课文的精彩句子。能选进课文的文章，肯定有它的可取之处。在适当的时候，选择适当的句子，搭建适当的支架，引导学生悟出方法或规律，进行适当的仿造，久而久之必定会能"仿中有创新"。

课堂教学的时间是非常有限的，每节课让学生都动笔写，时间上不允许。让仿说成为阅读课的常态，每篇文章找出一小段适合学生仿造的句子既节省了时间，又提高了学生兴趣，又何乐而不为呢？

（二）体悟变式，让仿写更加直观

当我们每堂堂课都教学生什么修辞手法，修辞手法有什么作用的时候，表达了什么情感，这种灌输性的讲授让学生们会觉得索然无味。而仅仅是小组自主合作得出来的感悟会不深刻，缺乏美感。但有些课文，我们将段落的形式变换一下，让学生随着句式美美的品读，在品读中直观的感受，相信学生们会发自内心的赞叹文字之奇妙。在上《土地的誓言》一课，优美的排比将作者奔流不息的情感一气呵成时，单纯靠老师的讲解就会显得苍白无力。于是我是这样改编下面这段文字的，让学生仿写。

我想起
那参天碧绿的白桦林，
标直漂亮的白桦树在原野上呻吟；

我看见

奔流似的马群，

深夜嗥鸣的蒙古狗，

我听见皮鞭滚落在山涧里的脆响；

我想起

红布似的高粱，

金黄的豆粒，

黑色的土地，

红玉的脸庞，

黑玉的眼睛，

斑斓的山雕，

奔驰的鹿群，

带着松香气味的煤块，

带着赤色的足金；

我想起

幽远的车铃，

晴天里马儿戴着串铃在溜直的大道上跑着，

狐仙姑深夜的谰语，

原野上怪诞的狂风

  让学生大声朗读，接着让学生男女生角色朗读，去感受东北的魅力。在品读接收，再问学生这段文字美在哪里？学生们马上找到了鉴赏的角度：修辞、动静结合、颜色的多彩、物种的丰富等等。课后让学生按照这段诗歌，仿写看一段文字，以内化这段文字的写法。

  茅盾曾说过，"造句技术要点"就是把一连串的句子组织的"严密而多变化。"严密"是选择句子的基本要求，即要通达；"多变化"则是对句子的更高要求，即有文采，句式要灵活变换。教师大胆地变换文章的篇章段落本身就是一种表率作用，教师经过自己的品读有了自己的感悟，进行改编，变换后的品读会更加直观形象地给学生展示文字的美妙。这样学生在自己的作文中才能灵活地运用感受长短句、整句和修辞的魅力。

（三）专题选文，让悟法升格

语文写作教学都是从字词、句段到专题训练。初中阶段，写作的重点是叙事文章，人物的细节描写显得尤为重要。当我们苦口婆心地念叨什么是神态描写、心理描写等，比不上在课文里挑一篇重点篇目，读写融通。

九年级上有篇文章《我的叔叔于勒》就是极好的例文。

片段一：

父亲总要说他那句永不变更的话："唉！如果于勒竟在这只船上，那会叫人多么惊喜呀！"

我父亲突然好象不安起来，他向旁边走了几步，瞪着眼看了看挤在卖牡蛎的身边的女儿女婿，就赶紧向我们走来，他的脸色十分苍白，两只眼也跟寻常不一样。他低声对我母亲说："真奇怪！这个卖牡蛎的怎么这样像于勒？"

父亲赶紧走去。我这次可跟着他走了，心里异常紧张。

我父亲脸色早已煞白，两眼呆直，哑着嗓子说："啊！啊！原来如此……如此……我早就看出来了！……谢谢您，船长。"

他回到我母亲身旁，是那么神色张皇。

他坐在长凳上，结结巴巴地说："是他，真是他！然后他就问："咱们怎么办呢？"

父亲突然很狼狈，低声嘟哝着："出大乱子了！"

片段二：

我父亲向旁边走了几步，看了看女儿女婿，就赶紧向我们走来，他对我母亲说："真奇怪！这个卖牡蛎的怎么这样像于勒？"

父亲走过去。我这次可跟着他走了。

我父亲说："啊！啊！原来如此……如此……我早就看出来了！……谢谢您，船长。"

他回到我母亲身旁，他坐在长凳上，说："是他，真是他！然后他就问："咱们怎么办呢？"

父亲说："出大乱子了！"

这是一节很有特点的人物对话，在语言描写中穿插了动作、神态、心理描写，将父亲人物刻画得惟妙惟肖。让学生在对比中去发现这些不同，然后进行对比朗读。学生在对比朗读中，会发现不同的描写方式表现的人物的性格和心里是不一样的。这时候让学生自己概括对话描写的方法：抓住人物的身份和性格；灵活运用对话形式，辅之以神态动作描写；用对比变化写出波澜。再运用方法品析母亲的人物特点，进而去升格自己的文章，就会有质的飞跃。很多时候老师在批改作文时会写上评语："请加上ＸＸ描写。"但是下次依旧如故。善用教材，品读对比，学生用自己提炼的方法来创作自己的文章，会有老师意想不到的收获。

"读写融通，相得益彰"，阅读教学定不能同作文教学单线行驶。要提高学生的语文综合能力，可以借助课本的范文，把阅读教学和写作教学有机联系起来，以读带写，以读促写，读写融通。学生在品读中感悟"怎样写"，在写作实践中运用方法，这样才能实现语文品悟写的一体式教学，才能真正做到"读悟写融通"的效果，全面提高学生语文素养。

三、"读悟写"一体式教学名著教学整体推进策略探究

《语文课程标准（2011年版）》要求小学六年课外阅读量在140万字，初中课外阅读量260万字，九年总阅读量在400万字左右。2016年9月试行的统编教材在阅读范围与阅读方法上对名著阅读也有了具体的落实，明确提到了"整本书阅读"的概念。2017年课标进一步明确提出"多读书，好读书，读好书，读整本的书"，将"整本书阅读与研讨"位列18个学习任务群之首，并贯穿必修、选择性必修和选修三个阶段。

如何带着学生有效地推进整本书的阅读，以名著阅读促进写作教学，达到阅读与写作的比翼齐飞，以此达到以读促悟，以悟促写的目的。下面以七年级下册的名著《骆驼祥子》为例进行了以"三课一读悟写"的策略探究。

（一）名著阅读"读悟写"之"读"的策略

阅读前——导读课激发兴趣，明晰方法与任务

导读课通过教师引导下的活动，让学生粗略感知整本书的内容，主要在于激发学生的阅读兴趣，帮助学生制订阅读计划。导读的方式多种多样：借助影视片段、制作人物名片、读序阅跋、浏览目录等，或提取要点、或设置悬念。无论采用何种方式，都是调动学生兴趣，促使学生参与读书活动。

《骆驼祥子》导读课上，笔者从2018年深圳市的中考名著阅读题引入，用试题猜答案激发学生的兴趣。然后全班一起共读第一二章，同时提出要求：

请分别给两章拟个小标题；

（1）给每个章节提出2-3个问题。

（2）学生完成任务之后，进行小组合作，汇总问题。接着，进行小组比赛，一个小组的提问题，别的小组进行回答进行竞赛。

部编教材强调一课一得，一书一得，由一本书到一种阅读方法。阅读《骆驼祥子》特别指出阅读方法：圈点批注。在活动之后，用示例的方式教学生如何进行圈点批注。给学生提出明确的阅读任务，每天中午至少阅读一章，阅读时圈画精彩段落或语句，给每个章节拟一个标题和提一个核心问题。

兴趣的"保鲜"需要合理的计划支持。在激发阅读兴趣的基础上，进行方法指导，制订阅读计划来分解整本书的阅读任务。《骆驼祥子》共24章师生共读计划20天左右阅读完，每天阅读20分钟，带着任务进行整本书的阅读，使阅读不流于表面。

（二）名著教学"读悟写"之"悟"的策略

阅读中——推进课梳理指导，让学生边阅读边思考

推进课是推进整本书阅读的一个中间站，它既是全前半部分阅读的一个督促与检查，也是推动后半部分有效的阅读的保障。七年级学生学习任务重，每天用于阅读的时间不多，不能集中时间来阅读整本书，每天的阅读又较为琐碎。片段式的阅读，如果不能及时梳理，就难以成为一个整体的感知。

《骆驼祥子》在非常吸引学生的，是他与他的车的故事，他周围的人物也似乎都是围绕着他的车而联系在一起的。在阶段小结课时，首先用类似于下面的一个表格将学生前十二章的学习任务整理归纳起来：

表4-4

章节	标题	人物	性格
1			
…	….	…	…

在这张表格里，人物和事情就非常清晰，笔者带着学生去探究，这些主要人物有什么样的性格特征？他们对祥子的有哪些影响？

通过学生在阅读时的圈点批注，分析年轻的光头、大兵、孙侦探、杨家太太、曹先生、高妈、刘四爷、虎妞等性格，进而探究他们的出现对祥子买车丢车的重要影响。大个子和大兵让祥子丢失了第一部车，孙侦探让祥子丢失了第二次买车的钱。祥子的命运到底如何？谁给了祥子希望和梦想？带着这样的问题进入下一阶段的阅读，无疑会更增添学生的阅读兴趣，也会让他们在阅读中更加深入的思考。

阅读后——总结课探究规律，追根溯源促思辨意识

名著的整本书阅读囿于学生阅读的时间与探究的精力，面面俱到的分析是不可能的，也是不可取的。初一学生年龄小，对名著的阅读往往呈现的是碎片化的感受，对主题的思考往往浅尝辄止，重点探究课应该由教师确定名著的教学价值，据此设计相应的总结或交流分享课。以问题驱动、任务驱动的方式引导学生展开探究交流，在互动碰撞中，实现内容的统整，让文本生发出丰富的创意，让学生深入把握作品的内涵。

《骆驼祥子》最为精彩的就是祥子那多舛的命运，让人窒息的人生和一张无论怎么挣扎也无法挣脱的网。在总结课时，笔者再用一个表格将学生在阅读过程的学习任务整理归纳起来。这时候的表格，人物和事情就非常清晰，能很快看出事件的特点和规律。在全文中，祥子的命运似乎总是离不开"三"，三次买车、三次买车、三次生病、三户包月的人家、三个女人，在这样的三起三落中，祥子彻底地从一个健壮、坚忍、善良、诚实、有梦想的青年变成了一个自私、懒惰、贪小便宜、吃喝嫖赌地行尸走肉。这样加深了对人物的深层次的理解。

接着，笔者用三个问题，让学生合作探究：

（1）是谁让祥子的梦想破灭的？

（2）假如小福子没有自杀，祥子带着她来到了曹府，他们会过上祥子梦想的生活吗？

（3）在当时的社会，祥子到底要如何才能实现自己的梦想？

让学生充分的讨论探究，多角度多方位的思考。年轻的光头？孙侦探？曹先生？虎妞？小福子？刘四爷？夏太太？二强？……好像是这些人将祥子一步一步推向了深渊，又好像跟他们没有直接的关系，好像每一次丢车都与祥子自己有关系，是祥子自己一步一步走向深渊。这些人像一张无形的网，网住了祥子，即便是祥子带着小福子离开那个破旧的胡同，来到曹府，他们也依旧挣不脱那个无形的网。于是自然而言得出结论：要想实现梦想就要推翻那个黑暗的社会。

在环环相扣的问题的探索中，学生会鹏发思想的火花，会真正体会当时社会的现状，会理解名著的真正意义。

（三）名著教学"读悟写"之"写"的策略

阅读中——每日一仿写，积累的同时学习写作

名著之所以是名著，有太多可学习和借鉴的地方，细腻的心理、逼真的神态、个性化的语言、生动的景物。在阅读的过程中，通过选取优秀段落给学生仿写，即增加阅读的兴趣，又积累和运用了词语。

在《骆驼祥子》中，无论是人物，还是景物环境描写，都是精彩绝伦。在阅读中，笔者从人物和环境描写选取片段，让学生进行仿写。

例如，文中关于"酷热的天气"的描写：

街上的柳树，像病了似的，叶子挂着层灰土在枝上打着卷；枝条一动也懒得动的，无精打采的低垂着。马路上一个水点也没有，干巴巴的发着些白光。便道上尘土飞起多高，与天上的灰气联接起来，结成一片毒恶的灰沙阵，烫着行人的脸。处处干燥，处处烫手，处处憋闷，整个的老城像烧透的砖窑，使人喘不出气。狗爬在地上吐出红舌头，骡马的鼻孔张得特别的大，小贩们不敢吆喝，柏油路化开；甚至于铺户门前的铜牌也好像要被晒化。

文章有许多这样精彩的描写，酷热的天气、狂风的天气、暴雨的天气、大雪的天气。还有祥子的三起三落的心理，对北平的感情、对虎妞的感情等。读着这些文字，犹如遭受着恶劣的天气，犹如看到一个祥子在生活的折磨下一直在努力，又总无法走出贫穷的漩涡的挣扎与悲凉。

根据阅读的速度，笔者每周布置三次仿写任务，以祥子的矛盾的心理描写、生动的景物描写、突出的手法三个方面为线条先在文章赏析，再在阅读笔记本上仿写，既推进整体书的阅读，又能增加学生的语言积累，提升语言的运用能力。

阅读后——读书随笔，各抒己见百花齐放

读书一种创造性的活动，这种活动的创造性表现在我们在阅读的时候，会有所思考，这种思考源于我们的生活经验和对作品的理解的深度。而读书随笔是表达感悟和反思的最好的途径，通过对作品的深入理解，增强学生的思辨能力。

在布置读书随笔之前，笔者给学生讲解自己最深刻地一点体会，在当时那个年代，像祥子那样生活在底层人们，到底要如何才能实现自己的梦想。

在作品的第八章和二十三章，分别有这样一段话："他们想不到大家须立在一块儿，而是各走各的路，个人的希望与努力蒙住了各个人的眼，每个人都觉得赤手空拳可以成家立业，在黑暗中各自去摸索个人的路。""一个人能有什么蹦儿？看见过蚂蚱吧？独自一个儿也蹦得怪远的，可是教个小孩子逮住，用线儿拴上，连飞也飞不起来。"

这些话语都告诉读者，要想实现自己的梦想，一个人的努力是微薄的，唯有广大劳动人民团结起来，推翻这个社会。

然后，要学生结合自己对这本书感悟最深的地方，找好一个角度，尤其是人物进行创作。比如：有双面性格的人物虎妞，给了祥子希望又没能彻底帮助祥子的曹先生，不保家卫国反而抢劫老百姓的大兵，与祥子完全不同理念的高妈，重男轻女到最后连女儿的坟都找到不的刘四爷等。

在最后的阅读栏的展示中，学生们会领略不用的风采，感受不同的体验，迸发更多的思想和领悟。

　　统编教材总主编温儒敏先生强调：初中加强"名著选读"，注重"一书一法"，培养热爱读书、喜欢思考的人。通过"三课一读悟写"，教师在读前、读中、读后三个环节中进行的阅读策略指导，使阅读监督、提升阅读效果有了具体的方法，使学生能够有效的推进整本书的阅读。更有利于学生思维习惯的养成，能运用批判性思维审视言语作品，探究和发现语言现象和文学现象，形成自己对语言和文学的认识。

第五章 「读悟写」一体式教学案例

第一节 生命之美：生命恒久远，亲情永相随

——《散步》教学案例

一、案例背景

生命教育理念认为教育是对学生的每一次生命活动进行关怀，学习过程就是一种认识生命的过程，这种关怀是社会价值、个人价值和教育自身发展价值在"生命活动"实践中的统一。"读"是阅读教学的一条主线，通过不同形式的"读"，多角度去感受生命的内涵和真谛。在文学作品阅读教学实践中，应当以学生为主体、教师为主导，教师应该充分调动学生学习的主动性和积极性，用合作探究与品味赏析的方式引导学生，让学生在品味赏析文本的基础上，感受生命、认识生命，抒写生命，培养学生的审美情趣与责任意识。

二、案例主题

《散步》选自人教版语文教材七年级上册第二单元的第2篇课文（全文第6课）。本单元的主题是亲情。亲情是世界上最美好的情感之一，因为亲情，生命具有了诗意的美丽光辉。

本文讲述的是在一次散步中，奶奶和孙子对走大路还是走小路产生了分歧，"我"要在分歧中做出选择，最后奶奶改变了主意要走小路，在母亲和儿子累了的时候，我背起母亲，妻子背起儿子，我们背起了整个世界。题材

极其平凡，意蕴却十分丰富，从中我们领悟怎样处理家人关系，才能使一家人和和美美，更能从细节中感受生命的不易、生命的温情生命的轮回和生命的责任。因此，学习这篇文章不仅要让学生走进作品的情感世界，更要让学生仔细品味语言，从不同的角度在生命的感悟上接受一次洗礼。

因此，本文既承担了落实本单元教学重点的任务，又承担了对学生进行生命教育的责任。初一学生有很强的好奇心和表现欲望，所以教师要采取鼓励机制，激发他们的参与意识，培养他们的合作精神和探究热情。初一是学生开始形成自己的审美观、价值观的时期，但他们的鉴赏能力还是很有限的，因此要多加强对学生的朗读指导和对语言品析的训练，在朗读品析中体会浓浓的亲情和生命的美好。

三、案例描述

（一）快速阅读，整体感知

片段一：

师：这篇文章的标题是《散步》，看到这个标题，你会提出一些什么问题呢？

生：谁在散步？

什么时候散步？

在哪里散步？

散步发生了什么事情？

为什么散步？

散步看到了什么？

散步有什么收获？

师：刚刚大家提出的主要问题可以概括为——何时、何地、何人、何故、何事、结果，快速阅读全文，筛选关键信息，概括主要内容。

阅读后

生：这是一家三代四口人散步的过程。在南方初春的田野上，我、我的妻子、我的儿子一起陪熬过了一个冬天的我的母亲一起散步，后来发生了分歧，我的母亲想走大路，我的儿子想走小路，正在我要做出重大决策时，母亲改变了主意走小路，最后，在母亲和儿子都累了时，我背起来了我的母亲，妻子背起了儿子回家。

师：概括文章内容的要素是什么？

生：时间、地点、人物、起因、经过、结果。

散步是全文的中心事件，由课题激发学生的联想与想象，让学生带着自己提出问题阅读课文，更能激发学生的阅读兴趣。六个问题基本能完整概括全文的内容，学生通过快速阅读，筛选信息，通过概述文章的内容把握概括事件的六要素。在宏观上把握文章，也是阅读教学的第一步。

（二）品读文段，描绘生命的美好

片段二：

师：文章美在哪里？

生：景物描写很美。

师：请你们组朗读景物描写的句子。

小组朗读。

师：景美在哪里？

生：新绿、嫩芽、水泡，这些景物都会使人不由自主地出现一副春天的画面，感受到春天的气息和那不可遏制的朝气。

生：这绿绿的、嫩嫩地描绘着春天的颜色，咕咕的水泡声在奏着生命的旋律。

师：在品读美景的时候，你感受到了什么？

生：这是对生命的高歌，对生命力的礼赞。

生：金色的菜花、整齐的桑树、水波粼粼的鱼塘，勾勒出一个色彩温暖、充满了诗情画意的田园风光，让人倍感温馨。

生：奶奶很疼爱孙子，同时也是她选择走小路的原因，小路很美。

师：景随情动，情景一致，绿色、金色，给人展示一幅幅富有生机和活力的色彩画面，彰显了景物之美，亲情之美，生命之美。

这两段景物描写，信手拈来，看似简短，实则蕴含着美妙的意境和深刻的哲理。绿绿的、嫩嫩地、咕咕的水泡、金色的菜花、整齐的桑树、水波粼粼的鱼塘，这是春天在召唤，生命在召唤，也揭示了"小路有意思"的内涵，点明了走小路的原因，展现了母亲充分理解孙儿愿望的内心世界。

景为情设，情景交融，在美美的朗读中，那春天的颜色、春天的味道、春天的声音扑面而来。生机盎然的景美让人感受生命的美好，为一家三代人之间的真挚的情美起了渲染烘托作用。

（三）研读用词，感悟生命的不易

片段三：

PPT出现语段：

今年的春天来得太迟，太迟了。有一些老人挺不住，在清明将到的时候死去了。但是春天总算来了，我的母亲又熬过了一个冬天。

全班齐读，教师指导加重副词。

师：你读出来什么？

生：母亲年事已高，身体不好，在寒冷的冬天承受折磨。

生：希望春天快点来。

生：非常担心母亲跟别的老人一样。

生："又"字，我读出了母亲身体不好已经很久了。

生：每年的冬天，都很担忧。

师：很好，从这些准确的用词中，我们感受到了生命的不易和艰辛。我们再对比阅读这段文字和刚刚的景物描写的句子。

女生：这南方初春的田野，大块小块的新绿随意地铺着，有的浓，有的淡；树上的绿芽也密了；田野里的冬水也咕咕地起着水泡。这一切使人想起一样东西——生命。

男生：今年的春天来得太迟，太迟了。有一些老人挺不住，在清明将到的时候死去了。但是春天总算来了，我的母亲又熬过了一个冬天。

好的文章，增一字嫌多，少一字，味不足。这段文字的副词特别的与力量，在品读中，加重语气，就能感受一种煎熬，一种焦虑，还夹杂这一种深深的无奈。这是对生命衰老的无奈和无助。

将这段文字和前面的景物描写对比朗读，男生浑厚的声音、女生甜美的声音，将这种煎熬和春天的美好，形成强烈的对比，在领悟了景物描写中感受了生命的生机与活力，从这些简约精准的用词感受了生命的不易。

（四）变式朗读，吟唱生命的传承

片段四：

全班朗读三遍

第二段最后一段话，第五段小家伙说的话，第六段第二句话和第八段的最后一话话。

用PPT将句式变成如下结构：

我的母亲虽然高大，然而很瘦，自然不算重；儿子虽然很胖，毕竟幼小，自然也轻。

师：把句式变成这种对称的结构后朗读，你又能读出什么呢？

生：妈妈会老去，儿子会长大，然后再有儿子。

生：小时候我们依赖妈妈，长大后妈妈依赖我们。

生：妈妈和儿子，儿子和妈妈，会一直延续下去。

生：你把我养大，我陪你变老。

本文语言的另一个特点，表现在多用对称句与回环句上。在对称和回环的句式上，体现了人物的性格特征，吟唱了生命的温情。

"她现在很听我的话，就像我小时候很听她的话一样。"这句话写母子关系，母亲明理，儿子孝顺，相映成趣。而且这个回环句把母子关系倒溯到几十年前，幼童的柔弱乖顺、老人的孤弱依赖、生命的轮回之感尽在其中，把母子二人温顺的性格都表现出来了，读来不能不为之动容。

每一朗读，学生都会有一种更加深入的理解和体会。对称的句子整齐工整，既表现了人物的性格特征，也感受到了生命的轮回与温情。

（五）类比阅读，彰显生命的责任

片段五：

PPT展示拓展文段：

但我和妻子都是慢慢地，稳稳地，走得很仔细，好像我背上的同她背上的就是整个世界。

穿过马路,就是菜市了。母亲突然停了下来,她把菜篮挎在臂弯,腾出右手,向我伸来.二十多年过去了,昔日的小手已长成一双男子汉的大手,昔日的泥石公路已改造成混凝土路,昔日年轻的母亲已经皱纹满面,手指枯瘦,但她牵手的动作依然如此娴熟。我没有把手递过去,而是伸出一只手从她臂弯上取下篮子,提在手上,另一只手轻轻握住了她的手,就像握住整个世界。

师:如何理解"整个世界"?

生:亲人是整个世界。

生:爱是整个世界。

师:是什么挑起"整个世界"?

生:爱。

生:责任。

母亲要走大路,儿子要走小路,说成"分歧"。面对"分歧","我感到了责任的重大,就像民族领袖在严重关头那样"。结尾,"好像我背上的同她背上的加起来,就是整个世界"。

这样的大词小用,小题大做,透露这篇文章一个重要的主题:责任。通过类比阅读,再来一次"美丽的牵手",握住"整个世界"更能让学生体现了本文的主旨:亲情之美好,生命之贵重,责任之重大。

(六)以悟促写,抒写生活的美好

散步是生活中非常平常的事情,可是一次平常的散步,我们感受这么多的美丽和温馨。生活中,一句话、一个动作、一个眼神、一个身影,都包含着浓浓的亲情和美好感受生活中的点点滴滴中的温馨。学用本文的方法,以《散步》为题写一篇600字的作文。

四、教学评述

(一)好的情感是读出来的

一篇美的文章,如果不能去好好的品读,那是对文章的亵渎。《散步》

这篇文章，生机勃勃的景物、温馨的一家人、诗意的语言、美好的意蕴，在一次寻常的散步中，描绘了浓浓的温情和生命的久远，可以堪称亲情教育和生命教育的典范。通过对语言的赏析，多角度感受生命，认识生命的美好、生命的艰辛、生命的温情、生命的责任，在老师的朗读指导下，多形式朗读精彩语段，进一步感受人情美、人性美和责任的重大。"读"，应该始终贯穿全文。

（二）好的方法是悟出来的

从小学到七年级是学生学习生活中的一个转折点，新的学习环境，新的学习内容，使他们不仅带着好奇心去观察世界，他们开始对生命有了一定认识和思考。因此，刚进入七年级，他们在新的环境中得到新的知识，更希望能够体现自我的价值。像《散步》这样优美的课文，注重朗读品味，在朗读中品味，在赏析中感悟，感悟亲情、感悟生命、感悟语言的准确、感悟句式的对称、感悟大词小用。

（三）好的体验是写出来的

当我们阅读熬一篇好的文章，不由自主地激发我们心中美好的情感，我们会将我们生活中的美好遇见融入其中，而表达这种情感最好的方式就是写作。品读别人的文字、感受写作的方法、用于自己的文章，表达自己的情感。语文课，若能做到如此，那么学生语文能力的提高就如搭建楼房，一步步提高，手可摘星辰，闪耀天空。

五、学生作品

散 步

黄嘉琪

中秋前，我随父母回到乡下。

怀着郁闷的心情回到乡下，乡下的天气是多变的，时而狂风暴雨，时而小雨绵绵，时而艳阳高照。晚饭过后，父亲提出一家人到田园上散步，可是，这时下起了小雨，我们只好在桌上闲聊，而我却只坐在一边发呆，弟弟和爸妈都聊得很开心，他们像是晴空万里，而我却是乌云密布。

不久，雨停了。

父亲带着我，母亲带着弟弟，我们一家子走在乡间小路上。雨过的傍晚，风透着清凉，丝丝的沁人心脾。走在湿润的土地上，沙沙作响，池塘里偶尔传来几声蛙鸣，抑扬顿挫的好像在吟唱着它们美好的生活，月亮在这时冒出了头。她望着我，这洁白无暇的月光是多么的纯净。

树叶随着夜风轻轻的摇摆着，树干也摇摆着，田里的玉米也随着夜风舞动着着，宛如一群仙子在舞蹈着她们那美丽的衣裳。父亲告诉我们，这些都是大自然美好的馈赠。一座长长的桥连通田园的另一边，河水慢慢地流着，河里的小鱼和细石都被看着清清楚楚，桥的那边，有许多小孩子在玩耍，他们天真无邪，笑得很灿烂。

我的心情也慢慢好转。

我们继续走在那条小路上。

萤火虫也来凑趣，闪一闪地飞来飞去，它们飞到我们面前，我伸手想抓一只来玩玩，可是还没等我，伸出手它就飞到我的上空去了，他们在和星星一起点缀着这美丽的天空。一层层的波浪，把水面上的月亮搅动成千万条银光，远远望去，天地已浑然一体，到处是点点的繁星，到处都有波动的银光，让人感觉置身于银河仙境。

走过这条路的有不少人，有的人行色匆匆，有的人则是低头看手机毫不抬头看他身边的美景，有的呢只是慢慢走过。而我在散步途中观赏着这些美景，就算是再差的心情也能变晴天。

散 步

苏 毅

一家人难得地很早吃了早饭，外出散步。

天很淡，走在小丘抬起头便能见到的一抹橘黄，在饭后愉悦的心情下这抹橘黄显得更为可爱——半调子的落辉正中心，夕阳擦挪圆滚滚的身体在天际彼端小心移动着——万物带上了活泼的橙色描边。

母亲心情很好，她小小地移动嘴唇，念到：

"休问我，彼为谁；九月露沾衣是我，待君会。"

"很美的诗。"父亲走在前头"黄昏之时？是这个意思吗？"

"风景很美……不禁令人想吟诗作乐，是黄昏哦。"她笑看回答，更让我们醉在夕阳下，醉在黄昏后。

"夕阳无限好，只是近黄昏。"妹妹嘻嘻笑道。"老爸老妈是想比吟诗吗？"

妹妹自小喜欢诗词，深爱诗歌熏，闭口李白诗，张口杜甫句，她可只是一个六年级孩子啊——更仍沉，她还是节目《中国诗词大会》的忠实粉丝。

"哎呀，这不是上期诗词大会开场良句吗？"母亲从身后转过来，"好聪明的小丫头。"

似乎是一直走路罢了，父亲插入对话："不如我们就比个赛吧，就念诗，讲眼前夕阳，看看谁的诗最美，如何？"抓住了一丝乐趣的父亲，乐得和一个孩子一样。

有两位参赛者发言了，那就到比赛的回合了，父亲把微微弯下爱了的腰直起，慢慢道出。

"夕阳西下，断肠人在天涯。"

"哎呀呀，老头子，这就不怎么应景了，马致远先生意与表达夕阳下漂泊旅人的思念，但我们此行团团圆圆，有何得断肠人在天涯？"

原来如此，父亲笑笑摸了摸脑袋，妹妹也神气似地和妈妈一起点头。

母亲张嘴："落后融金，暮云合璧，人在……啊。"回神，发觉竟犯了一样的错误，"我这可认输了，可别得意，老头子。"

优胜者似乎已定，妹妹一脸满足，比赛接近尾声——只剩我了。

我却故意卖卖关子，望前，抬头，光芒被发觉只有云屋下隐隐约约，便慌了神，伏下身了，再也不抬头。

"伏阳亦累，留心不归。

天伦美梦今朝在，黄昏意景古长来。

念娇醉，思亲贵。

斜晖长歌。

此行金不换。"

父亲若有所思地低下头，母亲笑我狡猾："词不怎样，倒是最符景了"

妹妹却满脸疑惑道："哥哥，在刚才太阳已完全下山了，为何长歌时依然斜晖呢？为什么你这么记得呢？"

那夕阳下，一家人吟诗调，品诗美，是心中久不去的美景。

第二节　乡土之情：品读中感悟温度，感悟中写出温情

——《昆明的雨》教学案例

一、案例背景

"读悟写"一体式教学是在语文教学中将"品读–感悟–写作"融为一体，多形式的品读、在品读中感悟、在写作中运用融通的一体式教学。八年级上册第四单元是散文单元，共四篇文章：叙事散文《散步》、托物言志散文《白杨礼赞》、哲理散文《散文两篇》（《永久的生命》《我为什么而活》）、写景抒情散文《昆明的雨》。单元主题旨在对散文语言的品读赏析，领会作品的情思，理解作者对生活的感受和思考，并了解不同类型的散文特点，尝试进行散文的创作。"品悟写"一体式教学非常适合散文教学，在教学实践中能更好实现教学目标。

二、案例主题

《昆明的雨》是本单元第四篇文章，汪曾祺先生的写景抒情散文。本文具有"三美"：语言美、氛围美、人情美。寻常的物、寻常的事、寻常的人，在这篇文章里有了不寻常的意境，入诗、入画、入境，读起来眼前会看浮现一幅幅温暖的画面，涌动着一股暖暖的温情。在课堂运用"品悟写"三线合一的一体式学习方法，用多种形式的品读去体会文章的"三美"，然后

感悟作者对于昆明的深情、总结文章的"三美"的方法，最后将方法运用到自己的写作中，初步学会写景抒情散文的写作。

三、案例描述

（一）快速阅读，整体把握

师：请同学们快速阅读6-10段，完成表格。（PPT展示表格）

这是教学的第一个环节，是培养学生阅读课文时快速地筛选信息和概括信息的能力。在初一一年的持续的训练中，学生很快地就完成了表格。

表5-1

段落	景	景的特点	事	手法
6	仙人掌	倒挂、开花、多、肥大	用仙人掌辟邪	
7	菌子	多、便宜、好吃、浅绿色、深褐带绿、银元大、滴溜儿圆、黑红黑红	边坐火车边捡菌子	比喻、对比
8	杨梅	乒乓球那样大，黑红黑红的	小女孩卖杨梅	比喻、对比
9	缅桂花	香、树大、叶绿密	房东让养女送花	对比
10	木香花	密、细碎的绿、白花、饱涨的花骨朵	我和朋友雨中小酌	拟人

这个快速阅读，对全文景、事和主要手法的筛选、概括，为后文的进一步的品读、感悟、写作奠定基础。

（二）多角度品读，感悟情感和方法

1. 直观感受，概括方法

片断1：

师：我们找出了这篇文章的景、景的特点和事，可是标题是《昆明的雨》，文章没有写雨，这标题是不是有问题？

生：没有问题，虽然没有直接写雨，但这些景和事都是与雨有关的，因为雨，才会有开花的仙人掌、有种类繁多的菌子、黑红的杨梅、绿密的缅桂花、饱涨的木香花。

师：那请问用一句话概括昆明的雨季的特点？

生：昆明的雨季是明亮的、丰满的、使人动情的。

师：我们从我们自己完成的表格里，能否总结出如何写出"明亮、丰满、使人动情的"？

生：选取具有地域特色的景物、从各种感官和修辞写出景物的特点。

这个片断是让学生在整体把握文章的的基础上，进行方法的总结。如何选取景物、如何描写景物，因为有基础，所以，学生们总结起来还是很容易。由这个过渡到本文的重点和难点。

2. 一品，品读温情

片断2：

师：从表格的第三列，你能概括出什么方法？

学生有些迷惘，教师PPT出示段落。

段落1：卖杨梅的都是苗族女孩子，戴一顶小花帽子，穿着扳尖的绣了满帮花的鞋，坐在人家阶石的一角，不时吆唤一声："卖杨梅——"，声音娇娇的。她们的声音使得昆明雨季的空气更加柔和了。

段落2：房东（是一个五十多岁的寡妇）就和她的一个养女，搭了梯子上去摘，每天要摘下来好些，拿到花市上去卖。她大概是怕房客们乱摘她的花，时常给各家送去一些。有时送来一个七寸盘子，里面摆得满满的缅桂花！带着雨珠的缅桂花使我的心软软的，不是怀人，不是思乡。

师生互读

师：坐在人家阶石的一角，不时吆唤一声

生：卖杨梅——

师：声音娇娇的，她们的声音使得昆明雨季的空气更加柔和了。

学生齐读

生：带着雨珠的缅桂花使我的心软软的，不是怀人，不是思乡。（连读三次）

师：带着雨珠的缅桂花使我的心软软的，就是换人，就是思乡。

师：是不是怀人？是不是思乡？

生：对，就是怀人，就是思乡。

师：为什么？

生：因为缅桂花可以用来卖，可是房东却把花送给了我们这些租客，让我们这些求学的学生心理暖暖的。

段落3：莲花池边有一条小街，有一个小酒店，我们走进去，要了一碟猪头肉，半市斤酒（装在上了绿釉的土磁杯里），坐了下来。就这样一直坐到午后。

教师范读

师：（将最后一句话连续朗读三次）你从老师的朗读中，听出了什么？

生：闲适

生：幽静

生：岁月静好

三种形式的品读，学生很快感受出这种浓浓的人情美，再加上教师随即出示写作背景，让学生更加深刻的理解作者对于昆明这个地方的感情。于是学生很快地概括出了第三个方法：具有温情的人和事。

3. 二品，品读喜爱

片断3：

男女生互读

女生：颜色深褐带绿，有点像一堆半干的牛粪或一个被踩破了的马蜂窝。里头还有许多草茎、松毛、乱七八糟！

男生：这种东西也能吃？！

女生：可是下点功夫，把草茎松毛择净，撕成蟹腿肉粗细的丝，和青辣椒同炒，入口便会使你张目结舌：

男生：这东西这么好吃？！

师：这段用到了什么手法？

生：对比

师：什么跟什么对比

生：貌丑味美

继续男女生互读三遍

男生：这种东西也能吃？！

女生：这东西这么好吃？！

师：在这两句话的朗读中，你们心中有种什么感情？

生：惊讶

生：怀疑

生：赞叹

生：喜欢

师：对，怀疑——惊讶——喜欢——赞叹，我们再读两段文字。

全班同学读第一段，老师读第二段

这个名字起得真好，真是像一球烧得炽红的火炭！一点都不酸！我吃过苏州洞庭山的杨梅、井冈山的杨梅，好像都比不上昆明的火炭梅。

缅桂花即白兰花，北京叫做"把儿兰"（这个名字真不好听）

师：两段有哪几个字要重读？

生：副词，"真""都""一点"

师：苏州的杨梅、井冈山的杨梅真的比不上昆明的杨梅吗？北京的"把儿兰"真的不好听吗？

生：不是的，因为这是作者的第二故乡，作者喜欢他们，就自己家乡的东西就最好的。

师：那我们第四种方法可以怎样概括？

生：用对比的方法融入自己的感情。

师：很好，温暖对比融其情。

在这三个片断中，是学生由易到难、由浅入深的感悟情感和方法，而中间的桥梁就是品读，教师范读、男女分角色读、教师与学生互读、全班齐读等多种形式的品读，让学生在朗读中入情入境，深深领会昆明的雨的明亮、丰满和多情，领会作者对昆明的喜爱与眷念，领会景物描写的方法。

（三）变换文体，写作运用

学生通过品读，感悟总结出了四种方法。

表5-2

段落	景	景的特点	事	手法
6	仙人掌	倒挂、开花、多、肥大	用仙人掌辟邪	
7	菌子	多、便宜、好吃、浅绿色、深褐带绿、银元大、滴溜儿圆、黑红黑红	边坐火车边捡菌子	比喻对比
8	杨梅	乒乓球那样大，黑红黑红的	小女孩卖杨梅	比喻对比
9	缅桂花	香、树大、叶绿密	房东让养女送花	对比
10	木香花	密、细碎的绿、白花、饱涨的花骨朵	我和朋友雨中小酌	拟人
方法小结	地域特色选其景	感官修辞摹其形（神）（形状、颜色、气味、神态）	温情人事增其味	温暖对比融其情

引导学生将散文变换成诗歌，进一步领悟这些方法。

我想念昆明的雨

我想念那明亮的丰满的，使人动情的昆明的雨

我想念倒挂的能开花的仙人掌

我想念不好看却好吃的菌子

我想念烧得炽红的火炭梅

我想念带着雨珠的缅桂花

我想念饱涨这花骨朵的木香

我想念昆明的雨

我想念能辟邪能做篱笆的仙人掌

我想念昆明慢悠悠的火车

我想念娇娇的卖杨梅的小姑娘

我想念送我缅桂花的小女孩

我想念在莲花池里喝酒的朋友

我想念昆明的雨

我想念那明亮的丰满的，使人动情的昆明的雨

在这种文体变换后的朗读中,学生更加清晰更加直观地感受散文写作,先选取有典型地域特色的景物、然后用感官和修辞进行描绘、再加入具有温情的人和事,最后用对比融入自己的情感。

课后布置了一篇作文"深圳的雨",要求先按照课堂中的表格先列提纲,再完成作文。这样就能将课堂里总结的方法在自己的习作中加以运用,内化为自己的写作方法。

四、教学评述

(一)主线鲜明,效果显著

这堂课围绕着语文"品悟写"一体式教学而开展的。在课堂中,既培养学生筛选信息的能力,有注重学生的品读,进而培养学生的概括能力与语言的运用能力。在这节课里,不仅品味了散文的语言美,更感悟总结了这类散文的写作方法,并尝试运用这种方法。从最后学生呈现的作品,学生能够将这些方法演绎得不错,大部分学生的作品写出了"深圳的雨"的美与情,还出现好多篇佳作。

(二)厘清层次,重点突出

在"品悟写"一体式教学中,关键是要厘清"品""悟""写"的层级,"品"是基础,"悟"是提升,"写"是运用;在"品"中"悟",在"悟"后"写"。在课堂里,我们更多的是"品"和"悟",有时有片断的写作,长篇幅的写作,我们会放在课后,但这并不影响"一体式"教学。在这节课的教学中,前面的筛选信息,完成表格,是进行品读的前提,重点在第三和第四重方法的品悟。当整个表格和方法一一对应时,全文的思路和方法也就一目了然,运用起来也就水到渠成。

(三)语言思维,两翼齐飞

语言和思维是语文教学的两个核心。语言是思维的工具,所有的思维要用语言来表达;思维是语言的内容,没有思维的语言是空洞的。语文课堂出了有浓浓的语言味,还要提升思维,形成有品质的语文课。思考、比较、筛选、概括、归纳,我感觉学生的思维还是得到了很多的提高,但是感觉还是"品"得不够味,"品"的方式比较单一。我都觉得,只有"品"得到位了,学生的"悟"才会更深刻。如果这节课,分成两个课时,在"品"上再多做一些文章,比如从标点符号、换词换句等对比"品读",那语言和思维的两个语文教学核心目标就会更好地达成。

五、学生作品

深圳的雨

李潇洋

我喜欢深圳的雨。

深圳的雨是多彩的、快活的、热烈的,使人动情地。

深圳的雨,有时候像一个邻家的小妹妹,轻悄悄地敲打你的窗户,等你探头出去,她又巧笑嫣然地走了;有时候,它又像一个莽撞的懵懂少年,模冲直撞,八匹马也拉不回来的样子。最恼人的是梅雨季节的雨,像含着轻愁的少妇,阴沉沉的脸,没有一点笑颜。

深圳的雨季还是挺长的,从四季到九月,时不时就来那么一场,猝不及防。春季的雨多是缠绵的,雨一来,墙壁、玻璃窗上都爬满了水珠,人走到路上,都感觉泡在水里一样,闷闷的,任何接触到空气的事物都是润润的,唯一的让人欣喜的就是火红的木棉花开了,艳丽的花朵在枝头燃烧,为这灰暗的背景添加一抹亮丽的色彩。每到天晴,从远处观望,树冠上如云似霞,树底下也好像铺着一层鲜红的锦缎。木棉花可以入药,幼时,我常常流鼻血,母亲便带着我到附近长有木棉花树的地方,拾一袋新鲜的木棉花回家煲汤,看着母亲在厨房忙活,我最大的乐趣就是在一旁玩母亲不要的花蕊,这种记忆,让沉闷的雨季也变得快活起来。

到了夏季,雨忽然就变得热烈起来,每天不来造访一下,仿佛都对不起这个季节一样。所以主妇们晒被子就变得小心翼翼,发现天气稍有不对,必须飞一般地冲下去把把被子收回来,稍迟一点就会淋得湿透。当然,过了一会,雨又会若无其事地掉头走了,火辣辣的日头又晒起来,让人哭笑不得。

雨后，就是荔枝成熟的时候了。壮元红是最早成熟的，红彤彤的一串串绑好，堆在街头小贩的手推车上，散发着诱人的香气。接着的就是"妃子笑"，这个名字应该是来自"一骑红尘妃子笑，无人知是荔枝来。"可想而知，这个品种的荔枝应该十分尊贵了，并且特别甘美可口。但是我最喜欢吃的却是桂味，这种果子的外皮是绿色的，并不起眼，但是它们核小，肉多，一口咬下去，果汁在唇齿间流动，甜到了心里。

深圳的雨到了九月，就渐渐的少了。天空变得高起来，堆积起来朵朵白云，风也变得舒爽。早晚洗了脸都得在脸拍点水，不然就太干燥了。每到这个时候，我突然又有点想念起台风天的雨来，一大早，就打开电视机，盯着暴雨黄色的信号，等着它变成红色。

嘿嘿，这是每个深圳孩子的小秘密。

我喜欢深圳的雨。

深圳的雨

董璐萍

我想念深圳的雨。

我以前不知道有所谓雨季。"雨季"，是到了深圳以后才有了具体感受的。

我不记得深圳的雨季有多长，从几月到几月，好像也不是很长。但是并不使人感到遗憾。因为一下就下得轰轰烈烈，带着排山倒海的气势，不是下下停停，停停下下，而且并不使人气闷。我觉得深圳的雨季气压不低，人很舒服。

深圳的雨季是明亮的、丰满的、使人动情的。城春草木深，孟夏草木长。深圳的雨季，是浓绿的。花草的枝条里的水分都到了饱和状态，显示出过分的、近乎夸张的旺盛。

雨季的果子是荔枝。卖荔枝的都是些老人家，推着个小推车，坐在道路的一旁，不时吆喝一声："卖荔枝喽——"声音中带着清晨的困倦以及岁月的打磨后的平淡。深圳的荔枝很大，皮红肉白，叫做"南山荔枝"。一点都不酸！我吃过福建龙海的荔枝、贵州赤水的荔枝，好像都比不上深圳的南山荔枝。

雨季的花是韭莲。韭莲即风雨花，有些地方叫做韭兰。深圳把这种花叫做韭莲，可能因为长得很像韭菜，不过这和韭菜实在没有什么关系。——不过话又说回来，别处叫它风雨花，也不过是因为它常在风雨前后盛放。我在家乡看到的韭莲是一小片，深圳的韭莲是一大丛！我住在公园附近过，公园里有一大片韭莲，粉色的花瓣，嫩黄的花蕊，把公园都粉饰了。韭莲盛开的时候，公园的管理员（是一个五六十岁的老先生）就提了个篮子去摘，每天要摘好些，拿到公园门口卖。他大概是怕游客们乱摘公园里的花，时常给过路的人送去一些。有时去公园逛一圈，可以拿到一大簇韭莲！带着雨珠的韭莲使我的心暖暖的，不是怀人，不是思乡。

雨，有时候是会引起人一点淡淡的乡愁的。李商隐的《夜雨寄北》"同窗共剪西窗烛，却话巴山夜雨时"是为许多久客的游子写的。我有一天和妹妹一同去公园中闲逛，看了湖中闲游的鱼儿，看了看一旁的竹林，雨又下起来了。湖旁有一个小亭子，我们走过去，坐了下来。雨下大了。亭子旁有一大树勒杜鹃。深圳勒杜鹃很多。有的街旁都是勒杜鹃。但是开得这样盛的勒杜鹃却不多见。密匝匝的细碎的绿叶，开得鲜艳而又生气的花，都被雨水淋得湿透了。我们走不了，就这样一直坐到雨停。

我想念深圳的雨。

第三节 社会之真:"三"的怪圈,梦想与命运

——《骆驼祥子》教学案例

一、案例背景

当今语文阅读教学,学生缺乏自主阅读的时间与空间,同时,教师缺乏对学生的方法和技巧的引导,学生缺乏阅读技能、兴趣。温儒敏先生提到:倡导名著阅读,应该讲求方法。而教师更重要的是提高自身技能,转变教育教学方式,激发学生的阅读兴趣,培养学生的好奇心,掌握多种阅读技能。

新课标在名著阅读上的要求旨在培养学生阅读整本书的能力和兴趣,同时,提出了要注重学生语文素养的提高。语文素养是指语文能力和语文知识、思想情感、语言积累、语感、思维品质、品德修养、审美情趣、个性品格、学习方向、学习习惯等综合评价。

诚然,语文阅读教学,如何找准切入口,提高学生的语文素养,让学生的思想绽放异彩,成为了教师关注的重点。关注人物命运,体社会百态,语文阅读教学要让学生既可以学到语文阅读技能,同时,也让学生在阅读中感悟深刻的内涵,有着自己对问题的深刻思考与感悟,用感悟促写作,写作也是语言文字进行表达和交流的重要方式,是认识世界、认识自我、创造性表述的过程,写作能力是语文综合素养的体现,让阅读成为创作之翼。

二、案例主题

《骆驼祥子》本书选自七年级下册必读两部名著之一。贯穿整本书，最能打动人，最吸引人的便是《骆驼祥子》中的人物。七年级下的学生经过一学期的打磨，以及在第一单元的人物学习中，已经初步具备了品读、感悟、写作的能力。

《骆驼祥子》讲述了中国北平城里的一个年轻好强、充满生命活力的人力车夫祥子三起三落的人生经历，而祥子在这三起三落中却怎么也走不出"三"命运的怪圈。祥子勤劳、纯朴、善良，梦想着买一辆属于自己的车，做个独立的劳动者。他用"三"年的时间省吃俭用，终于实现了梦想，但好景不长，祥子失去了洋车，只牵回"三"匹骆驼。而祥子没有灰心，他依然坚持着自己的梦想，然而第二次买车却被欺骗、敲诈，梦想成为泡影；第"三"次与虎妞成婚，实现了自己的梦想，可他不得不卖掉自己的车来为死于难产的虎妞料理后事。人生的三起三落，三次买车、三次失车、三只骆驼、三个雇主、三个女人、生了三场大病、三次回到厂子，"三"的怪圈，戏谑人生、戏谑命运，梦想的破灭，让他失去生活的信心，开始成为了"城市垃圾""个人主义的末路鬼"。他的命运到底是由三个雇主、三个女人还是年轻的光头、大兵、孙侦探、老马与小马、夏太太、二强导致的。

拥有梦想，并为之奋斗，是一件非常幸福的事情。当自己经过努力实现梦想，自己的命运也会因此而扭转，走上人生巅峰，然而，祥子在经过自己诚实的劳动，三次追求自己的梦想，而梦想却在他的命运中一点一点失色。我们在梳理章节情节，整体把握故事情节和人物的同时，还要探究人物悲惨命运的原因，加深对当时黑暗社会的认识，关注下层人民的命运和出路。

本节课以《骆驼祥子》为例，深入文本，以"读""悟""写"的教学模式，以人物为主线，通过前置学习，初读人物；梳理情节，初识人物；合作展示、品读人物；自主研读、剖析人物；追根溯源，悟读人物；身悟促写，再塑人物。激发学生的读书兴趣，在"读""悟""写"中，让学生读出一种思想，感悟一种道理，写出一种味道。

三、案例描述

（一）前置学习，初读人物

阅读完全书后，完成下列表格。

表5-3

章节	标题	主要人物	性格特征
1			
2			
3			
4			
5			
6			
7			
8			
9			
10			
11			
12			
13			
14			
15			
16			
17			
18			
19			
20			
21			
22			
23			
24			

师：从开学到现在，我们用了近一个月的时间，每章一个问题，一个标题的要求阅读完了《骆驼祥子》这本书，昨天我们也让大家完成了学案上的第一题，进一步梳理了故事情节和人物。今天，我们一起来探究一下这部名著。

前置学习，学生自主掌握知识，学生有充分的时间和空间了解作品，表格条理清晰，为学生理解作品，激发学生的阅读兴趣奠定基础，同时，学生也掌握了一项阅读技能。

（二）梳理情节、初识人物

片段一：

PPT展示学生优秀作业：

表5-4

章节	标题	人物	性格	章节	标题	人物	性格
1	第一部车	人力车夫		13	再回车厂	人力车夫	
2	大意丢车	年轻的光头、大兵		14	寿宴上的争吵	刘四爷、虎妞	
3	三十五块	老者		15	祥子成亲	虎妞	
4	回到车厂	刘四爷		16	商量买车	虎妞	
5	杨家受辱	杨家太太		17	"小寡妇"	二强子、二强嫂、小福子	
6	虎妞诱骗	虎妞		18	大病一场	祥子	
7	来到曹府	曹先生		19	虎妞难产	陈二奶奶	
8	高妈的主意	高妈		20	卖车回厂	夏先生	
9	虎妞怀孕	虎妞		21	被诱生病	夏太太	
10	老马与小马	老马与小马		22	偶遇刘四爷	刘四爷	
11	被人敲诈	孙侦探		23	小福子自杀	老马	
12	夜宿老程房	老程		24	末路鬼	阮明	

师：老师将大家课下的作业做了一个整理。

梳理情节，探寻规律：

PPT展示上表格的内容

师：对照小标题，感知祥子的命运的奇怪的规律。祥子的命运似乎离不开一个"三"字，大家这个表格里发现了哪些意思的"三"？

生1：我发现了三次买车、三次失车、三只骆驼。

生2：三个雇主、三个女人，没了。

师：没有关于"三"的了吗？

生：祥子得了三场大病，厂子回去了三次

师：祥子的命运似乎难以跳过"三"，一句话概括–三起三落，走向了末路。

师：同学们选自己印象最深的人物，谈谈自己的理由。

生1：我印象最深的是祥子，他老实、健壮、坚忍、自尊、善良有梦想，祥子最大的梦想不过是拥有一辆属于自己的车。

师：还有哪位同学印象最深的是祥子？可以对其进行补充

生2：我印象最深的也是祥子，祥子拥有自己车的梦想一次又一次破灭，他与命运的抗争最终以惨败告终。

生3：我印象最深的也是祥子，我记得在结尾处，祥子已经变成了麻木、潦倒、狡猾、好占便宜、吃喝嫖赌、自暴自弃的行尸走肉。由那样一个淳朴善良的人变成了这样一个不堪的人，可悲、可叹、可气。

师：看来同学们大多对祥子有很深的印象，那有同学分析，其他人物形象的。

生：我最印象深刻的是虎妞，泼辣野蛮、好吃懒做、贪图享受，师：除了缺点，她就一点优点没有吗？

生：勉强说：她还是敢于追求个人自由的爱情，虽然最后失败了。

生：要说虎妞，我就想起刘四爷，恨得牙痒痒，自私自利、好要面子、重男轻女的典型的剥削形象。

师：没有同学对曹先生和小福子分析吗？

生1：不是故事的主人公，往往关注不到，但我喜欢曹先生，他有着人的

良知：善良、正直、同情关心劳苦人民，但不是一个真正的战士

生2：小福子嘛，她太不起眼了，虽然善良、勤俭、要强，但结局可太惨了，她可能是电视剧中那种苦情的配角，衬托主角的。

梳理情节，寻找规律，教师展示优秀作业，实质性的鼓励会使学生的课堂参与度提高。一个"三"字，新颖独特，在表格中发现，浅显外现，让学生运用圈点勾画法，整体把握作品，对人物命运有了初步的思考，初步的品读，并提出自己的见解，学生也会喜闻乐见。

（三）合作展示，品读人物

片段二：

师：你认为是谁让祥子梦想一步步破灭？尝试从文章中的人物探究。

要求：

（1）小组合作，共同探究。

（2）各小组派代表展示。

人物：年轻的光头、大兵、杨府太太、孙侦探、曹先生、老马与小马、虎妞、小福子、刘四爷、夏太太、二强

经过10分钟的激烈讨论。

小组一：我们小组觉着是年轻的光头和孙侦探。因为年轻的光头怂恿祥子去两块钱车费的高价，导致了祥子丢失了自己辛辛苦苦赚钱买的第一辆车。因为孙侦探敲诈了祥子买骆驼和勤奋拉车赚下的买第二辆车的钱。

小组二：我们觉着二强、大兵和老马与小马，二强再次卖掉了小福子，逼得小福子上吊自杀；大兵抢去了祥子的努力赚来的第一辆车；在祥子左右为难的时候，他们的命运让祥子放弃了抗争，使祥子失去了生的信念。

小组三：我们觉着应该是三个雇主，曹先生呢，他被阮明记恨，判断失误，给了孙侦探敲诈祥子的机会？也是因为曹先生带着一家人急急忙忙离开，让祥子再次回到车厂；刘四爷，看不起祥子，卖掉车厂、跑到外地去享福，断绝了虎妞的念想。杨府太太，小气、刻薄，让祥子离开了杨府，回到车厂，被虎妞设计。

师：这个角度很好，循着这个思路，小组可以对自己的答案进行整合。

小组四：我们觉得是三个女人，虎妞、小福子和夏太太，因为虎妞的欺骗，让祥子成为一个不纯洁的人，又是因为虎妞把祥子的钱拿给他，让他丢失了钱。是因为虎妞假装怀孕，欺骗了祥子；是因为虎妞愚昧的剥削者思想和作为，使自己难产而死，让祥子失去了妻儿，又失去了车。而小福子的自杀，让祥子失去了生活的最后一线希望；夏太太，勾引祥子，导致了祥子患病。

小组合作展示，发挥学生的主体作用，教师发挥小组的团结协作，问题清晰，确定人物，小组内整合答案，高效学习。学生会根据不同人物身上的特点，进行角色定位，细品出每个人物身上的特点，滑稽又嘲讽的众人在学生展示下格外生动。

（四）自主研读、剖析人物

片段三：

师：祥子的命运，跟祥子自己有没有关系？

请同学们再次回到文章中，自主寻找经典段落，深入剖析祥子这个人物的多面性。然后依据具体的语段进行回答。

生1：请同学们把书翻到第二章第14页，第15页

"大个子"三个字把祥子招笑了，这是种赞美。他心中打开了转儿：凭这样的赞美，似乎也应当棒那身矮胆大的光头一场；

再说呢，两块钱是两块钱，这不是天天能到的事情。

危险？难道就那么巧？况且，前两天还有人说天坛住满了兵；他亲眼看见得，那里连个兵毛儿都没有。

P15祥子知道事情要坏，可是在街面上混了这么多年，不能说了不算，不能耍老娘们脾气！

生1：从这里看出，祥子自身的虚荣、好胜让他丢了第一辆车。

生2：请同学们把书翻到第八章65页

祥子用不着说什么，他的神气已足表示他很佩服高妈的话。及至独自一盘算，他觉得钱在自己手里比什么也稳当。不错，这么着是死的，钱不会下钱；可是丢不了也是真的。把这两三个月剩下的几块钱——都是现洋——轻

轻的拿出来，一块一块的翻弄，怕出响声；现洋是那么白亮，厚实，起眼，他更觉得万不可撒手，除非是拿去买车。各人有各人的办法，他不便全随着高妈。

二十章 161 页

祥子，经过这一场，在她的身上看出许多黑影来。他还喜欢她，可是负不起养着她两个弟弟和一个醉爸爸的责任！他不敢想虎妞一死，他便有了自由；虎妞也有虎妞的好处，至少是在经济上帮了他许多。他不敢想小福子要是死吃他一口，可是她这一家人都不会挣饭吃也千真万确。爱与不爱，穷人得在金钱上决定，"情种"只生在大富之家。

他开始收拾东西。

生：从这两个文段，我们看到祥子没有听从高妈的建议，把钱存进银行，导致了他丢了买第二辆车的钱；害怕小福子的父亲弟弟的索取，放弃了小福子。

师：对，把你们的分析结合在一起，我们就看到了祥子自身的虚荣、好胜，让他丢了第一辆车。他不能接受新事物，没有听从高妈的建议，把钱存进银行，导致了他丢了买第二辆车的钱；害怕小福子的父亲弟弟的索取，放弃了小福子。这些是促使了祥子的命运的起伏。

自主研读增加了学生的自主性，学生根据文段深入研读，深入思考，从段落研读中体会祥子的人物特点。学生也间接掌握了一种阅读策略。

（五）追根溯源、悟读人物

片段四：

师：如果小福子没有自杀，祥子会实现他的梦想吗？要怎样才能实现他的梦想？

让学生创所欲言，大胆谈论自己的看法。

生：会实现他的梦想，小福子没有自杀，会使祥子重燃起生的希望，他有了陪伴，日子苦一点，难一点，他也会继续心存希望，继续脚踏实地，努力地追寻自己的梦想。也会过的幸福。

生：我不赞同刚才那个同学的想法，他的想法想法太理想化了。祥之所以有这样的命运是因为社会这个大背景永远不会变,如果放在今天,他所说的,有可能会实现,那个社会是一个吃人的社会,这一点永远无法改变,不管外在条件如何去换,祥子都不会实现他的梦想。

师:第一个同学为我们提供了更多地可能性,而第二个同学分析的更为理性,社会大背景我们都要考虑到,请大家阅读再次快速第八章和第二十三章的内容。

生:第八章说到"汽车夫对洋车夫的态度,正有点象祥子的对那些老弱残兵;同是在地狱里,可是层次不同"。人力车夫们都是各做各的事,不能站在一个层面上去想问题。在那个黑暗的时代,光靠一个人的努力,是很难有希望的。

生:第二十三章告诉我们,像人力车夫这样的社会底层劳动人民打算独自一个人混好,是不能有什么蹦儿的,就像文中所所的蚂蚱一样,可能一个儿也蹦得远远的,可是他们的生活就像有跟线,给剥削者拴上了,怎么飞也是飞不起来的。

师:唯有广大劳动人民团结起来,推翻这个黑暗的社会,才能拯救广大的劳动人民。

深悟人物,开放设置问题,让学生对这部作品,有自己的感悟。同时从文本出发,从读中悟,教师给出段落,让学生在读中悟出在当时的社会要有社会斗争的决心。

(六)深悟促写,再塑人物

根据自己对《骆驼祥子》感触最深的地方,写一篇读书随笔。

参考题目:

真爱?

我眼里的曹先生

命运与梦想

保家卫国的大兵?

学生在自己深刻感悟的基础上,有感而发,进行创作,同时,根据老师的参考题目,学生的读书随笔,增加了更多可能性,更多创造性。

四、教学评述

（一）教师人格魅力，教学暖场暖心

教师在上课过程中，温和，大方，热情，和蔼，与学生亲密互动。教学上的暖场，很容易拉近老师与学生之间的距离，让学生毫无防备的上课，增强对语文课堂的亲近感，学生便不会有畏难情绪。教师细语鼓励，智慧引导，学生放松身心，体悟人物，畅所欲言。一个有效的课堂，不光是靠教学设计打动学生，更要有教师的人格魅力引领课堂。在教学的第一个环节，教师主动展示学生的优秀作业，是对学生的一种鼓励和肯定。

（二）注重学生自主阅读，合作展示交流研讨

给学生时间和空间，让学生去读书，自主学习，带着前置学习，带着表格任务，自主学习。给学生规定了足够长的时间，上课期间给学生提供单纯阅读的时间，让学生真真正正地读到名著。学生也间接获得了一项阅读技能。

在合作展示环节，教师放手给学生足够的时间进行品读，时间越充分，学生们讨论的效果越好，思想火花碰撞得越激烈。在合作展示环节，注重学生主体性，由学生提出思考问题、解决问题、讲解问题、质疑问题。学生在教学中的参与度提高，更有利于学生深入理解问题。学生会给出你意想不到的答案。在合作展示，品读人物，这一环节中，学生答问题过程中，会不断根据不同小组答案质疑、思考，得出"三位女人""三个雇主"围绕"三"的命运怪圈答法，细品人物，祥子梦想的破灭。

（三）注重读悟"梯度"，确定主题深入浅出

进阶式语文阅读教学，由易到难，深入浅出，由固定到开放，见证了学生将知识掌握透彻的过程。教师创造性地设问，方法式地引导，问题设置层层深入，从探寻规律的初读人物的"祥子的命运似乎离不开一个'三'字，大家这个表格里发现了哪些意思的'三'？""同学们选自己印象最深的人物，谈谈自己的理由。"到品读人物的"你认为是谁让祥子梦想一步步破灭？尝试从文章中的人物探究。"再到自主研读人物的"祥子的命运，跟祥子自己有没有关系？"再到悟读人物的"如果小福子没有自杀，祥子会实现

他的梦想吗？要怎样才能实现他的梦想？"最后到身悟促写的"根据自己对《骆驼祥子》感触最深的地方，写一篇读书随笔。"

围绕"梦想"围绕人物，读悟的问题层层深入，以初读、品读、研读、悟读、身悟的层级进阶教学，最终指向探究人物悲惨命运的原因。加深对当时黑暗社会的认识，关注下层人民的命运和出路。学生的领悟也需要教师的智慧引导。

（四）多媒体助读悟主题，文笔生出阅读之翼

在深悟人物这一环节，教学已接近尾声，学生畅所欲言的"如果小福子没有自杀，祥子会实现他的梦想吗？要怎样才能实现他的梦想？"老师屏显名著中的关键段落，教师可以在在最后放音乐，切合这个问题的音乐，让学生去阅读、去感悟，这样，一方面舒缓了学生一节课学习的压力，另一方面还可以集中学生的注意力，深入悟读。学生的注意力集中40分钟是不可能，在课程后半段播放音乐，放松心情，这一方法可以让学生静下心来思考，加助学生对主题的深悟理解。

学生对这节课堂，有了自己的深刻体悟，在作业设置上，结合写作教学。"根据自己对《骆驼祥子》感触最深的地方，写一篇读书随笔。"让学生根据自己的体悟发散思维，给出示例"《真爱》《我眼里的曹先生》《命运与梦想》《保家卫国的大兵》"让文笔生出阅读之翼。

五、学生作品

《骆驼祥子》读书随笔

黄嘉琪

书籍是屹立在时间的汪洋中的灯塔，而文学名著无疑是灯塔上那盏最闪亮耀眼的明灯。它经历千年淘洗，遗存华章，福及人类；它开启心智，滋润生命，塑造灵魂。它是一种文化的底蕴，更是一种文化的传承。

《骆驼祥子》是一本经典好书，作者用着最朴素的语言叙述着祥子在城市里的生活。祥子来自乡间，带着中国农村破败凋敝的背景，也带着农民的

质朴和固执。当他认准了拉车这一行，他就成了"车迷"，一心想买上自己的车。凭着勤劳和坚忍，他用三年的时间省吃俭用，终于实现了这个梦想，成为靠着自己力量的上等车夫。但是当时是军阀混战的场面，他就在兵荒马乱中被乱兵掳走，失去了他自己的洋车，虽然顺利逃走了，但是只牵回了三匹骆驼。

祥子没有灰心，他依然倔强地从头开始，更加努力攒钱。可还没等他再买上车，他所有的积蓄又被人敲一洗而空，买车的愿望又成为泡影。当他又一次拉上自己的车，是以与虎妞结婚为代价。但是困难又降临到了他的头上，虎妞因难产而死，祥子失去了虎妞也失去了心爱的车。连生活也受了打击。后来，他又失去了最喜爱的小福子，到最后，他开始厌恶拉车，厌恶劳动，开始了游戏生活，吃喝玩乐，祥子彻低坠落成为城市中的垃圾，变成一具行走肉。

这本书中使我感触最深的不是"祥子"也不是"虎妞"而是"刘四爷"。刘四爷是旧社会的袍哥式人物，改良办起了车厂，为人耿直，性格刚强，从不肯在外场失面子。他这辈子最大的遗憾是没有一个儿子来拉自己的班，自己的女儿虽然能干，但毕竟是女儿。因为女儿到了中年还未出嫁，所以觉得对不起她，平日里也挺让着她的，但却不愿自己挣的家产随着女儿一起给了别人。于是他狼心在与自己的女儿断绝父女关系，最后连自己女儿的纹在哪都不知道。封建的思想使他忘记了亲情，当他醒悟过来时已为时过晚。他才真正感到了孤独，真正感到了自己除了钱以外，什么也没有了，甚至连见女儿的最后一面也见不到。

刘四爷的封建思想使他与自己的女儿断绝父女关系，一开始我感到的是一个眼里只有钱的刘四爷，后来他又深感愧疚，连自己女儿的坟坟墓墓也不知道。如果刘四爷没有如此深重的重男轻女的思想，我想祥子和虎妞的命运也会改变。

刘四爷是《骆驼祥子》描绘的那个时代的一个代表而已，整个社会的压抑黑暗，将像祥子这样的底层劳动人民深深的困住，越是挣扎越是被缚得太紧。他们的命运不仅是自己的性格，更是这个时代的悲剧。唯有冲破这个黑暗的时代，建设一个崭新的时代，才能彻底的改变贫困人民的命运。

梦想与命运
——《骆驼祥子》读有感
周　婷

"人民艺术家"老舍的代表作之一《骆驼祥子》，想必大家已经十分熟悉了。这次寒假是我第一次读这本书，颇有一些感悟。

故事讲述的是老北京城里人力车夫祥子的辛酸故事，从乡下来到城里的祥子只有一个梦想——那就是通过努力拉车买一辆属于自己的车。

那时的他纯真、朴实、善良、踏实，只想着一心一意的过日子。终于他存够了钱，立马就去买了辆车，但好景不长，没过多久，他的车就被大兵抢走了，他依然没打算放弃。等到第二次钱再次存够后，车还没来得及买，钱就被孙侦探骗走了，第三次车买了一段时间后，虎妞因难产而死了，祥子只好再一次放弃自己心爱的车。但经过这三起三落，祥子再也撑不住了，他堕落成了社会最底层那些油滑世故的人。

整部小说就在大家一片惋惜之声中戛然而止。

祥子的悲惨命运让人觉得惋惜，当初那个一身正气的小伙变成了被世人唾弃的人，以前的他在困难面前从不会低头，只会思考如何逃出困境。可是，经过这三次巨大的打击，祥子再也不是从前的祥子了，他的性格发生了翻天覆地的变化，他只能在困难面前不甘的低下了头，其实，换做谁都不一定能承受得住吧，何况在以前旧社会的祥子呢！

但有很多人说，这都是祥子的错，谁让他懦弱，不敢再去挑战了呢？剩下的一部分人又说，这并不全是祥子的错，在当时那种黑暗社会，人们连性命的安危都不能保证，更拿什么来自尊自爱、洁身自好的生活呢？又有谁能做到"出淤泥而不染"呢？原本许多善良的人，就是在这样的社会不良风气下，慢慢陷入黑暗潮流之中，被黑暗社会侵蚀掉善良与仁爱。

这也许就是老舍先生想表达的意思吧……他借助祥子的悲惨经历无情

地批判了这个"不让好人有出路"的社会。在这本书里，我们可以以从前的祥子为榜样，学习他那出生贫寒却努力进取的精神，体会他那耿直踏实的品格。更要以堕落后的祥子为鉴，不要成为那样的人，更加重要的是我们应该保持坚毅而又乐观的心态，无论遇到再大的困难与打击，都要拼命咬着牙撑过去，告诉自己我能行。

在过去的黑暗社会里，祥子失败了，但他是一个伟大的失败者。值得人们同情与敬佩。在如今安稳和平的社会里，我们的生活舒适安逸，没有如同祥子那时的恶劣生活环境，我们的烦恼与祥子经历过的挫折相比起来又算些什么呢？这也许就是我们从中收获的道理吧。

老舍先生的这本《骆驼祥子》让我知道了，我们要时刻保持着乐观向上的心态，坚持不懈的行动，在困难面前我们不能示弱，还要有自己的理想并为之去努力奋斗！

第四节　自然之妍：学写景物描写，感受自然之美

——《观察手记》作文教学案例

一、案例背景

部编语文新教材是阅读和写作双线并进，有机融合，语文课文选编的篇目都很经典，同一个单元的主题相同，每一课的写作训练点，一课一个要点，就形成了一个主题写作的序列。这样基于语文教材的主题作文训练，以读悟写，以写促读，读写一体。

七年级上册第一单元的四篇文章都是写景名家的名篇，春夏秋冬、花红水绿，生动的春、热烈的夏、萧瑟的秋、温暖的冬季，大自然周而复始，生生不息，美不胜收。学习完这个单元，对景物描写的方法进行小结运用，学习景物描写的方法，写好景物描写，写出自然之美。

二、案例主题

《春》《济南的冬天》《雨的四季》《古代诗歌四首》是本单元四篇文章，主题是"四季之美"。朱自清的《春》从春草、春花、春风、春雨等多角度地描绘了一个春天；老舍的《济南的冬天》展现了一个摇篮里温暖的冬天；刘湛秋的《雨的四季》，写出了雨的多姿多彩，娇媚多情；《观沧海》《天净沙.秋思》让感受寥落而又深远的秋。

他们是怎么让春夏秋冬动情起来的呢？怎样才能像这些名家一样，让景物多姿多彩。本课主要对语文课文片段进行总结归纳，探究景物描写的方法，并写作运用，初步进行景物描写的创作。

三、案例描述

（一）选段研读，自主探究

展示选段：

最妙的是下点小雪呀。看吧，山上的矮松越发的青黑，树尖上顶着一髻儿白花，好像日本看护妇。山尖全白了，给蓝天镶上一道银边。山坡上，有的地方雪厚点，有的地方草色还露着，这样，一道儿白，一道儿暗黄，给山们穿上一件带水纹的花衣；看着看着，这件花衣好像被风儿吹动，叫你希望看见一点更美的山的肌肤。等到快日落的时候，微黄的阳光斜射在山腰上，那点薄雪好像忽然害了羞，微微露出点粉色。就是下小雪吧，济南是受不住大雪的，那些小山太秀气！

问题：这段文字在景物描写上有哪些特点？

《济南的冬天》这段文字，运用了景物描写的大部分写法，是一个非常好的教学范例。让学生自主研读，尝试自我探究，寻找景物描写的写作方法。

（二）小组合作，找寻方法

片段一：

小组一："山尖""山坡""山腰"，是按照从上到下的描写顺序进行描写的。

小组二："给蓝天镶上一道银边""给山们穿上一件带水纹的花衣"，用到了比喻的修辞手法。

小组三："那点薄雪好像忽然害了羞，微微露出点粉色"，用到了拟人的修辞手法。

小组四："看吧，山上的矮松越发的青黑"，先写整体看到的松树，再自上而下写山的特点。

小组五："蓝天""暗黄""粉色"，从不同的颜色来描写。

在自主探究的基础上，采用小组自主合作的形式，集合小组的力量，探讨归纳各自的方法，并对景物描写的方法进行提炼和展示。

（三）选文再品，技法提炼

1. 展示选段，完成表格

桃树、杏树、梨树，你不让我，我不让你，都开满了花赶趟儿。红的像火，粉的像霞，白的像雪。花里带着甜味，闭了眼，树上仿佛已经满是桃儿、杏儿、梨儿！花下成千成百的蜜蜂嗡嗡地闹着，大小的蝴蝶飞来飞去。野花遍地是：杂样儿，有名字的，没名字的，散在草丛里，像眼睛，像星星，还眨呀眨的。

"吹面不寒杨柳风"，不错的，像母亲的手抚摸着你。风里带来些新翻的泥土的气息，混着青草味儿，还有各种花的香，都在微微润湿的空气里酝酿。鸟儿将巢安在繁花嫩叶当中，高兴起来了，呼朋引伴地卖弄清脆的喉咙，唱出宛转的曲子，跟轻风流水应和着。牛背上牧童的短笛，这时候也成天嘹亮地响着。

表5–5

观察对象	观察顺序	观察角度	修辞手法	人的活动
桃树、杏树、梨树	由上而下	颜色：红、粉、白 味道：甜	比喻、拟人、排比	牧童吹短笛

2. 技法提炼

片段：

师：从这个大家完成的这个表格里，你能概括出景物描写的哪些手法？

生：选择与季节相关的景物。

生：有一个观察顺序，从整体到局部，从上到下，从里到外。

生：用颜色、气味、形状等角度进行描写。

生：运用一些修辞手法。

生：加上一些人的活动。

老师PPT展示方法：

按顺序条理明、多感观细观察、用修辞巧描绘、述活动融感情。

上一环节自主探究，让学生对景物描写有些初步的感知，本环节再用课文中经典的语段，进行归来提炼，方法的得出就水到渠成。

（四）牛刀小试，技法运用。

片断：

PPT展示一组勒杜鹃的图片，四张：有一朵、一簇、一树、一墙 。让学生选择其中一到两幅进行描写。

学生作品：

一朵：有的花瓣全部绽放了笑脸，花蕊从中间冒出来；有的才展开两三片花瓣，羞羞地微笑，"花中西施"；有的含苞待放，亭亭玉立，好像在做着美梦。

一簇：杜鹃花姹紫嫣红的花瓣层层叠叠，漾其出一圈圈的波浪，露出开心的笑脸。远远看去，勒杜鹃像一团燃烧的火焰，几乎看不见叶子，像一群穿着红色衣服的胖娃娃。

一墙：一场春雨，勒杜鹃红得灼人的眼。粉红粉红的花瓣，温暖地将花蕊捧在胸前，小花蕊伸长了脖子，欢唱着对春天的赞歌。一朵朵花簇拥着，在横逸斜出的枝条上挤着、站着，你不让我，我不让你。它们在枝头嬉戏、跳跃。微风吹来，花枝乱颤，这一墙的繁花像一片贪玩红霞降落在人世间，忘了回返。一朵朵的花汇成了花的海洋，一路欢声笑语，奔向街角，奔向运动场，奔向人的心里。

写作是有法可依，有规可循。因为有了方法的指导，所以学生对勒杜鹃的描写，生动形象，富有美感。这样能写出质量的作文课，会增加学生的信心，让学生不那么畏惧写作。

（五）课后写作，整体运用

以"的四季为题"，写一篇不少于600字的作文。

四、教学评述

（一）充分利用教材

部编语文教材是采用"双线组织单元结构"，按"内容主题"来住址单元，主题情感线索和语文素养线索并进。语文课文每个单元的主题是一样的，这些课文是这类主题的经典文章，是这类主题写作的范例。充分利用这个单元的文章，把课文当范文，让学生从这些文章中去感悟提炼方法，并将方法指导学生的写作，就是实现"阅读与写作"教学融通的一条途径。

（二）以自悟促写作

很多时候，老师喜欢将方法灌输给学生，让学生去运用，可是因为学生缺乏自主的感悟提升，机械式的接收，总是感受不深刻。让学生从所学课文里的精彩段落去感悟探寻总结方法和规律，老师对学生提炼的方法进行高度的概括。这样学生通过自己在课堂中的品悟，总结出来的方法就会更加深刻，更能够指导自己的写作。

（三）"读悟写"一条线

单元整合写作课，是将"读悟写"合为一条主线。阅读课上，学生能够美美地读、美美地品、用心地悟。写作课上，学生又能专心地研，能自主总结规律、概括方法、提升运用。这样，就将整个单元的阅读教学和写作教学，在教学实践中双线合一，达成语言与思维同提升、阅读与写作齐飞翼。

五、学生作品

院子里的四季

海 航

我家的门前，有一个美丽的院子，无论是哪个季节都有独特、让人着迷的一面。

春天，院子里的大树开始冒嫩芽。在树底下往上看，阳光照射着树冠，叶子被照得透亮，繁枝嫩叶间还开着几朵雪白的花，上面还停留着采花粉的蝴蝶。土地有许多小草偷偷地钻了出来，正在尽情地享受着日光浴。忽然，雨下了起来，细细的、柔柔的、密密的，滋润着娇嫩的、含苞欲放的花儿。远处的山上，好像被春雨披上了一层纱布，朦朦胧胧的。

到了夏天，大树的叶子变得宽阔、粗大，在树荫下乘凉，听着有节奏的蝉声，看着书，呼吸着夏天空气中独有的味道——芳香而清新，这是一件美好的事情。天空突然响起一声咆哮，顿时乌云滚滚，大树被风撕扯着，雨瓢泼似地落了下来，沙沙地响着。夏天的天气就好像捉弄人似的，一会儿倾盆大雨、一会儿艳阳高照，就像顽皮的孩子，让人摸不着头脑。

秋天，是丰收的季节，远处的田野飘来一阵阵淡淡的稻谷清香。大树的叶子也变得又黄又脆，飘在半空中，就像一只翩翩起舞的蝴蝶，远处的山坡已是一片火红。望着高高的天空，突然吹来一阵秋风，顿时变觉得神清气爽。吹落的几片树叶，为大地铺满了金黄，踩在上面，发出"吵吵，吵吵"的声音，好像是诉说着它们一年来的故事和对新叶子的期望。

到了冬天，山坡、大地被白雪覆盖着，院子里的大树也披着软软的、厚厚的白棉袄睡去了。外边刮着大风，下着大雪，没有一个人在外面活动，晚上，隐约能看见一点儿黄晕的灯光，能让人感受到一丝温馨。冬天，一切仿佛都在休息，而这正是为了酝酿着下一场华丽的盛宴而准备着。

这就是我家门前的院子，洋溢着春天的生机、夏天的繁华、秋天的深邃、冬天的静谧。

风的四季

林漫祺

我很爱风，无论什么季节的风，我都很爱。她给我的记忆，永远是魅力无比的。

春天到了，叶子睡醒了，慢慢睁开了眼睛，为大自然增添春色。足球场上，园子里，田野里，到处是她的身影。野花开得遍地都是：红的，紫的，黄的…都是一些叫不上名字的小花骨朵儿。小草儿一点点地冒出来它可爱的脑袋，随风摇曳，绿茵茵的，毛茸茸的。春风一吹，便发出了沙——沙——沙的声响。奏响了一曲春天专有的歌儿。春风一吹，他们都随风舞动，开心极了；吹红了桃花，吹绿了柳树，吹醒了青蛙，吹来了燕子……空气散发着一股草木味儿，真令人怡神气爽。

而夏天，更是别有一番风情。她好像长大了呀。变成了一个调皮的小姑娘。常常，突然一阵大风刮来，让人防不胜防，但是大家都喜欢她呢。在炎炎夏日中，人们巴不得她就一直这样调皮着。山林的颜色多的数不胜数，有墨绿，淡绿，黑绿，茶色等等。俗话说得好："映日荷花别样红"这时，就连出淤泥而不染的荷花，也毫无掩饰地敞开了自己。在这个红红火火的季节里，风里总带着一股怡人的芳香。

秋天来了。她似乎又长大了一点儿，变成一个淑女，行为举止端庄。温柔的秋风常常灌满了街头巷尾。我最喜欢秋天了呀。这是一个金黄的季节，看上去还挺阳光的，倒也不显得沉闷。最关键的，就是果农们有了好收成，水果经她一抚摸，都成熟了；让人看了垂涎欲滴。日落时分，天空一大片一大片的火烧云彩霞，跟这个金秋时节真是也太搭配不过了吧，真是绝配！

冬天光临了。她好似已经变成了一位在青春期中的少女。脾气有点儿喜怒无常，北风呼啸，这是她发怒的时候。人们又恨不得躲她远远的。而我常常穿着风衣，走在街头，大口大口呼吸着冬天的味道。其实冬天也是温暖的吧。在这个季节里，春节，是最热闹的！大家其乐融融地团圆，多么美好呀！这感觉可真是棒极了！

啊，她总是那么令人爱恋的风啊。

第五节　童话之魅：角色扮演，品悟美好

——《盲孩子和他的影子》教学案例

一、案例背景

"生活处处皆语文，语文时时现生活。"任何一篇文章都是作者对生活的体验，对生命的感悟。而且新课程标准倡导，语文课堂要提倡积累应用，注重体验，回归生活。因此，语文教师在进行设计教学时，要贴近生活，把语文教学生活化，在教学中还原生活场景，在场景中进行合理的想象，这样的体验和感悟才会更加深刻和全面。

二、案例主题

这是一篇非常唯美的童话，文章营造了一种纯真、友好的氛围，具有诗情画意的境界，影子和萤火虫让盲孩子获得光明，影子也成为了一个有生命的人。只有"爱"才能使他们感受到生活的光明和美好。教学要抓住"爱"和"美"，通过情景剧表演，将场景还原于生活，在配乐朗诵，感受童话的"爱"的氛围和诗一般的意境。

三、案例描述

（一）创设生活场景激发学习心向

捷克教育家夸美纽斯曾说："一切知识都是从感官开始的。"在可能的范围内，一切事物应尽量地放在感官的跟前，一切看得见的东西应尽量地放

在视官的跟前，一切听得见的东西应尽量地放到听官的跟前。本篇文章是一篇两千多字的童话故事，文章的前小部分是主要是写盲孩子的生活，一个盲孩子在无光无色的世界里孤独地生活。因此，在教学导入上，我选择创设一个生活场景，直感地体验盲孩子的感受。

教学片断一：

用布蒙上两位同学的眼睛，分别站在两个大组的中间。

师：在正式上课之前，我们先来做个小游戏。现在杜放同学和钟彦丹同学的眼睛已经被蒙上了，我想请杜放同学走到讲台上拿起一只粉笔，请钟彦丹同学走到第七组第三个同学那里，从桌子上拿一本书。

（两位同学跟跟跄跄地摸索前进，同学们看着他们的模样哄堂大笑。杜放顺利地拿到了粉笔，钟彦丹同学却走到了第五组第二个同学那里了）

师：好，请摘下眼罩。老师想请问你们眼睛被蒙上时什么感觉？

杜放：看不见，寂寞。

钟彦丹：茫然，只能靠着桌子走。

师：此时，你们觉得你们最需要什么呢？

杜放：光明。

钟彦丹：帮助。

师：很好，请回位。在生活中，我们用我们的眼睛感受着各种绚丽的色彩，用眼睛传递各种温暖的幸福，如果有一天，我们失去了眼睛，我们的世界就一片黑暗，一个生活在黑暗的世界里的孩子渴望什么？我们一起来学习金波的童话故事《盲孩子和他的影子》。

创设教学情境是课堂生活化的基本途径，学生对于生活的体验是一切教学活动的起点。教学的艺术不在于传授的本领，而在于感悟、体验与拓展。教学法一旦能触及学生的情绪和意志领域，触及学生的精神需要，这种教学法就能发挥高度有效的作用。对于一个盲孩子和他的影子的故事，让学生先体验盲人的无助、无奈与渴求；让学生感知盲人的不易、辛酸和乐观，激情他们的内心情感和对故事本身的探求。

（二）编演情景剧勾勒生活画面

要想给语文课堂引入"生活味"，教师必须在教学过程中以学生的实际生活和既有经验为基础，高度重视课程资源的开发和利用，创设各种学生能够自主探究的学习情境，通过内引、外联、对比等方法沟通课堂内外，让学生在实践活动中，把抽象的知识转化为具体而充满生命活力的能力。这篇文章各个场面非常优美，我觉得单从文字上去体悟是远远不够的，如能用情景剧的形式，勾勒出一幅幅生活画面，让学生在画面里展开想象，情感就会体会得更深远。于是，我让学生自己根据课文内容编演了一部抒情情景剧。

教学片断二：

情景剧表演

场景一：初次对话（背景音乐——《雪儿飞》）

生（旁白）：他是一个盲孩子，在他的的世界里，没有光亮，没有色彩。

他是一个永远生活在黑夜里的孩子。

生（饰盲孩子）：谁跟我玩儿呢？

生（饰影子）：我跟你玩儿呀！

生（饰盲孩子）：你是谁呀？

生（饰影子）：我是你的影子。我永远跟你在一起，你走到哪里，我就跟到哪里。

生（旁白）：从此，影子常常牵着盲孩子的手，带着他去牧场听牛儿哞哞地叫，羊儿咩咩地叫，还攀上山坡去采摘野花野果，走过小木桥去听潺潺的流水声。（两个学生表演在田野里嬉戏）

场景二：夏夜游玩（背景音乐——《虫虫飞》）

生（旁白）：夏天的一个夜晚，天气阴沉沉的，没有月光。盲孩子提着一盏灯，有影子陪伴着他走出家门。他们去一个宁静的小树林里散步。

生（饰盲孩子）：是什么在飞？我听见翅膀扇动的声音。

生（饰影子）：是一只萤火虫，一只小小的萤火虫。

生（饰盲孩子）：萤火虫？就像很烫很烫的小火星吗？

生（饰影子）：不，不。萤火虫是很美丽的闪着光的小虫子。它不烫人的。

（两个学生表演同萤火虫游戏）

场景三：丢失影子（背景音乐——《雪儿飞》）

生（饰影子）：天要下雨了，我们快些走吧！

生（旁白）：话音刚落，一声霹雳炸响，风夹着雨，雨带着风来了。盲孩子手中的灯突然灭了。随后，影子也不见了。盲孩子孤零零地一个人站在旷野上。

生（饰盲孩子）：影子，影子……（他踉踉跄跄、跌跌爬爬地往家走，没走多远，他就跌倒在水坑里。）

生（饰盲孩子）：只有等到风停了，雨停了，太阳出来的时候，影子才会赶来吧？

场景四：光明到来（背景音乐——《雪儿飞》《虫虫飞》）

生（饰盲孩子）：是你吗？萤火虫？

生：是我

生（两个）：是我们。

全班：是我们，是我们一群萤火虫来了！。

生（旁白）：在夏夜的微风细雨中，无数只萤火虫组合成一盏美丽明亮的灯，一会儿闪着幽蓝的光，一会儿又闪着翠绿的光。在这美丽明亮的灯光里，影子又回来了。

生（饰盲孩子）：啊！我的影子，是你吗？我好像看见你了！真的，我看见你了！（两个人相拥）

生（旁白）：风停了，雨停了，天晴了。月亮出来了。今天的月亮特别亮。又过了一会儿，太阳出来了。今天太阳出来得格外早。月亮和太阳同时悬挂在天上。还有那盏萤火灯。这世间所有的光亮一齐照耀着盲孩子和他的影子。

两段音乐、三个演员、四个场景；逼真的表演、动人的朗读，营造了浓郁的抒情氛围；美丽的田野、宁静的夏夜、闪闪的萤火虫、纯纯的友情，似乎就真的呈现在了大家的眼前，烙进了大家的脑海里。准确到位的表演加上有感情地朗读正是进行情感熏陶的最佳手段，能最大限度地调动了学生的听觉、视觉、触觉，叩击他们的灵魂，拨动他们的心弦，使其产生强烈的共鸣，获得极美的艺术享受。而文中的情感审美因素也会自然而然地向读者释放，犹如春风化雨，润物无声，从而使学生潜移默化地受到真、善、美的熏陶。

（三）品悟重点段落感悟生活真谛

品悟是阅读的核心，也是从语言文字中获得意义的过程，对文本有层次的理解，逐步实现学生与文本深层交流。在品读中是对文字吟咏、咀嚼、体味。从中有所认识，有所思考，有所觉悟。在教学中，要使""品悟"有机结合，形成一道靓丽的风景，让学生徜徉其间，主动入境、探情、咀华、激扬文字、感悟出生活的真谛。文章里的情景描写很唯美，营造的氛围很温馨，在教师的适当的指导下细细的品读，先前在脑海里已形成的画面就会呼之跃出。在如此"品"的基础上，再去感悟，定能得出理想的启示。

教学片断三：

师：请找出文中让你感动地地方，并用你的声音读出来。

（学生自由朗读）

生：从此，影子常常牵着盲孩子的手，带着他去牧场听牛儿哞哞地叫，羊儿咩咩地叫，还攀上山坡去采摘野花野果，走过小木桥去听潺潺的流水声。他们的幸福生活让我感动。

生：风只有等到风停了，雨停了，太阳出来的时候，影子才会赶来吧？和雨就像人生路上碰到的挫折一样，只要心中有信念，就会走过风雨，重见光明。盲孩子的执着感动了我。

生：啊！我的影子，是你吗？我好像看见你了！真的，我看见你了！他再见影子的兴奋、幸福感动着我。

生：他们去一个宁静的小树林里散步。微风送来阵阵花香。还有鸟儿的叫声。这个温馨的画面让我感动。

……

师：这些感动，让你领悟到了什么道理？或者说给了你什么启示？

生：影子带给别人光明，自己也由影子变成了一个孩子。

生：要顽强，要执着，要勇于拼搏，才能或者人生的成功。

生：关爱弱者，幸福自己。

生：给别人幸福，自己就会获得幸福，爱能创造奇迹。

生：用温暖的心可以照亮全世界。

师：大家的总结是多角度的，很积极，很全面。事实上，再美的花也有凋谢的时候，再美的容颜也会有衰老的时候，但有一种爱是永恒的，那就是心灵之美，只要我们人人献出一点爱，这个世界就是一片光明，一片美丽。

品是悟的前奏，悟是品的的结果，是品的升华。品得到位就会悟的深刻，品得精彩四溢、晶莹剔透，就会悟得深入、传神、透彻。学生从通过品读，能从三个角度：盲孩子、影子、萤火虫去感悟，从一个童话故事里，感受生活的真谛，足见他们对这篇文章受到情感熏陶，享受审美乐趣，获得思想启迪。

四、案例评述

（1）《语文课程标准》明确指出："语文课程丰富的人文内涵对学生精神领域的影响是深广的，学生对语文材料的反映又往往是多元的。因此应该重视语文的熏陶感染作用。注意教学内容的价值取向。同时也尊重学生在学习过程中的独特体验。"让课堂回归生活，是达到这一标准的重要途径。本节课就是将文本回归生活，创设生活场景导入，编演情景剧，品读段落，得出生活感悟。体验——感悟——内化，学生体验是积极的，感悟是多维的，内化是深刻的，也取得了预期的效果。

（2）"要建构一种新型的教学生活，把教学过程还原为生活过程，把教学情景还原为生活情景，把教学活动还原为儿童的生命活动。"由此可见，语文教学和生活应是紧密联系的。美国教育家华特也指出"语文的外延与生活的外延相等"，教学活动是人类生活中的一部分，离开生活的教学活动是不存在的，而语文教学更离不开生活，生活中无时无处不存在语文教学。因此，语文课堂不能只盯住教材，只是单纯地去解读文本，应该让课堂的形式多样化，更要充分开发和创新课程资源。尤其是长篇文章上的处理上，尝试将长文化成一个个生活画面，变抽象为形象，直观又有深刻。

（3）人文教育就是将人类优秀的思想文化成果等通过知识传播和环境熏陶，使之内化为人的品格、气质、修养，并成为人相对稳定的内在品质。语文学科是滋养人文精神的沃野。语文教学要充分挖掘人文资源，既要注重知识的传播，更要注重人文精神的陶冶。具体地讲，就是语文教学要坚持用课文中饱含的真善美，帮助学生提高人生境界，丰富美好心灵，塑造健全人格。这样的人，在生活中才会明辨是非，不会被轻易的打败。本节课最大的优点就是通过音乐、朗读、图片等多种形式的渲染，营造了唯美、温馨的画面，体会到了生活的真善美，感受到了纯纯的友情和浓郁的爱意，也懂得了生活路上，要坚强勇敢。这些对于他们以后的生活中，培养乐观、自信、助人等优秀品质，都是有帮助的。

（4）"品--悟--写"一体式教学对于建构语文的生活课堂是相当有效的。这堂课，品、悟应该还是达到了教学目标的，但是升华得好像还是不够。我个人反思，拓展延伸得还不够。在课堂的结尾，当学生得出了各种感悟时，若能给出一个生活小故事，引导学生在具体的生活中，该怎么去做。那么学生得出的感悟就会得到升华，就会进一步内化。

（五）语文的外延和生活的外延是相等的，语文的课堂更需要把生活引入课堂，在有浓郁的生活氛围里构建"品悟写"合和式语文教学模式。在以后的教学中，我要更加注重品、悟、写的结合。品出生活的味道、悟出生活的真谛、写出生活的感悟，真正地让语文学科达到人文性和工具性的统一。

五、学生作品

获救的黑森林

李易樵

"啊"，凯恩又一次大声尖叫着从噩梦中惊醒，他在寂静的深夜里陷入了沉思。同样的梦境，梦里成片的黑森林和成群的吸血蚊令他疑惑不解，族长蓝迪爷爷走到凯恩的房间，他一边用满是薄茧的手抚摸着凯恩的脸，一边诉说着黑森林的故事。

凯恩的父母亲是守护黑森林的上一代国王和王后，但是五十年前突然有成群的吸血蚊袭击了黑森林，凶猛的吸血蚊吸食了黑森林王国国民的血液，整片黑森林被吸食的鲜血染红了。国王和王后以及侍卫们用自己的鲜血护卫着凯恩及一批孩子们逃亡到现在大村庄，把他们托付给蓝迪爷爷。

"我想赶走吸血蚊，恢复黑森林王国"凯恩对蓝迪爷爷说。

"那也是国王和王后的遗愿。可是你必须获得双色石才能让吸血蚊消失，双色石生长在雪山之巅，极难获得。"蓝迪爷爷非常忧虑地告诉凯恩，凯恩却无所畏惧，并计划第二天启程前往雪山。

凯恩没有料想到雪山的路途如此遥远，天气异常寒冷，冷风像刀子一样割在凯恩的脸上，经过九九八十一天的餐风露宿，凯恩终于来到了雪山脚下。

白皑皑的雪山脚下躺着一位气息微弱的老奶奶。凯恩急忙抱起老奶奶向不远处的山洞走去，山洞里家徒四壁，什么都没有，凯恩只好用自己身上唯一的一件披风包裹着老奶奶，试图温暖老奶奶的身体。凯恩的披风是小伙伴们用云锦织的，有冬暖夏凉的功效，老奶奶的嘴唇慢慢恢复了红润，可是凯恩却冻得手脚僵硬，他只得不停在山洞里走来走去，借运动获得热量。过了一会儿，老奶奶终于醒来了，她上下打量着凯恩，问："小伙子，是你救了我吗？"凯恩看到老奶奶苏醒，很是兴奋，他羞涩地回答道："我也没做什么。"老奶奶问清凯恩在此的缘由后对他说："我可以满足你一个愿望。你可以选择要一个金壁辉煌的宫殿和很多仆人或是选择立即到达雪山之巅。"

凯恩说："我想恢复黑森林，请您让我到雪山之巅吧。"老奶奶很惊奇，"孩子，如果你有豪华的宫殿和用不完的钱，还需要恢复黑森林干嘛呢？"凯恩说："恢复黑森林可以让我们王国的所有国民幸福地生活，我们可以在黑森林里种满花草树木，自力更生。如果只是我个人拥有宫殿和财富又有什么用呢？"老奶奶赞许地笑了，只见金光一闪，凯恩的披风又回到了他身上，他已经站到了雪山山顶。

凯恩刚站定，突然面门上掌风袭击，凯恩急忙应招，对他出手是一位白发苍苍的老爷爷，他一边出招，一边对凯恩说："我知道你是为了双色石而来，要想获得双色石，必须先过我三百招。"一百招下来，凯恩有点气力不支了，天色渐渐昏暗了，凯恩急忙说："爷爷，今日先到此，明日再接着过招吧！"老爷爷说："不行，你必须得过我三百招。"

　　"您先前只说三百招，并没有说今日内连续过三百招呀。"凯恩辩解道。

　　老爷爷停了下来，从鼻子里哼了一声："算你小子有勇有谋。"

　　凯恩第二天一大早与老爷爷开始过招，直到天色黑了才停下来，终是完成了三百招，凯恩暗自庆幸族长蓝迪爷爷从小教他习武，强身健体，才有机会接着三百招。

　　捧着老爷爷给的双色石，凯恩星夜兼程直奔黑森林，双色石发射出绿色和白色双色光芒照耀在黑森林上空。所有吸血蚊消失殆尽，黑森林里的树木全部恢复原样，之前被吸血蚊吸食的国民全部复活，凯恩喜极而泣，拥抱着他的爸爸妈妈，人们将他不停的抛高，欢呼着，赞美着……

高价饮料

李伟佳

　　小狮子的爸爸是个有钱的企业家，所以他经常向他的爸爸要钱买东西。他还经常在他的同学：小鸡，小鸭，小猪等朋友炫耀他的东西。

　　这天，学校对面的商场异常的热闹。小老虎和小豹子迫不及待的想去看看，于是就拉着小狮子一下课就飞奔了过去。到了那里，他们就发现有好多动物也在那，于是他们就只能钻过去。他们在拥挤的动物们中看到了几个大字"高价饮料"，又看到了"手速饮料（能让你在学习或工作上更胜一筹）"。小狮子看到了心里也跃跃欲试，心想：这下可不用再为罚抄苦恼了。可是小狮子看了一下价格：一万元，"啊！这下糟糕了，"小狮子惊讶地说"这价格，我恐怕只能等到我的生日了。"

　　没想到第二天，他的朋友告诉他手速饮料被人买走了，小狮子很不高兴。过了几天后，新闻上报道到："神童！做作业只需要一分钟！"又过了一天，神童的爸爸要神童参加手速比赛把整瓶饮料都喂给神童吃。结果没想到当天神童开始比赛时，手快的生风，直接飞了起来。从此神童就只能被绑起来，因为他的手已经成了"推进器"。小狮子劫后余生地说"还好我没买！"

又是一天，高价饮料又出了新品"视野饮料（能帮助你看的更多，看的更远）"，小狮子怕再发生那种事所以他不准备买，但他还是看着谁会买。"我买了！"一个洪亮的声音喊道，原来是戴着眼镜的大象爷爷。大象爷爷一拿到就猛的往嘴里塞，结果喝完了之后，他发现他竟然看到了微生物，而且他现在就只能看见微生物了。

小狮子看到了他们的结果就再也不敢乱买东西了。

第六章 "读悟写"一体式教学项目研究报告

第一节 "读悟写"一体式教学"价值观"项目实验报告

【实验目的】

《笠翁对韵》里有两句："贤人视履循规矩，大匠挥斤调准绳。"《尔雅·释言》："履，礼也。"大匠，技术高超的匠人；斤，斧子的一种。大匠做工之前，先把标准调正了，以免工程中途折返，事倍功半。我们教学生写作文，先要用教材里外的普世价值、人生道理教他们树立正确的世界观、人生观、价值观，然后以这些价值观做衡量人生世相，国际风云的标准，思辨是非，臧否优劣。以使自己的立场有高度、有深度、有弯度，从而被大家承认并接受。适合初中生的价值观一般包含浅显易见，体近易行的人生观、审美观和辩证观。这个项目的读悟写实验理论上有推广价值，时间上有指导意义。

【实验方式】

第一组实验是同年级、同样基础的的班级的对比实验，录下实验班与非实验班在写作、应试中运用价值观、提升作文质量方面的不同数据。希望能够从中寻找出必然性的联系来。

第二组实验是2019届初三学生521人，与2020届初三学生423人，以同题作文或者类似题作文，比较实验班与非实验班学生写出的作文在"三观"运用，影响立意境界高低、整体质量优劣等方面的差异，希望能够发现"价值观"内容的读写融通表现在写作能力有效提升上的促进作用。

【实验原理】

梳理中国人的人生观、审美观、辩证观常识，"三观"理论是人类认识世界的思想武器，让学生掌握这些思想武器，他们就能认识自然现象、评判社会细节、臧否人事心理。例如用马克思的观点为价值标准，"历史承认那些为共同目标劳动因而自己变得高尚的人是伟大人物；经验赞美那些为大多数人带来幸福的人是最幸福的人"，就能辨别出劳动人格高下，评判出真正的劳模典型。以毛泽东的讲话为价值标准，"一个人能力有大小，但只要有这点精神，就是一个高尚的人，一个纯粹的人，一个有道德的人，一个脱离了低级趣味的人，一个有益于人民的人"，就可以激励自己砥砺品德；"毫不利己，专门利人"，任何时候都是那个时代的完人。以司马迁的'死有重于泰山，有轻于鸿毛'为价值标准，李文亮牺牲是为人民利益而死，所以他的价值就比泰山还重。

要求每个学生利用周末时间做阅读积累，完成"人生观、审美观、辩证观"的每一个单项的阅读，并且做好摘记。摘记的方法是韩愈说的"纪事者必提起要，纂言者必勾其玄"，记言语把握关键，记下话题主题，主要观点及其依据，甚至弄清它们的适用范围。

认知心理学构成能力的基本要素是个体的经验，经验的逻辑过程，是个体形成品格品味和能力层次的基本依据，这一切都是个体社会实践的结果。让学生掌握"人生观、审美观、辩证观"方面的思想武器，得有意识的引导学生反复实践，让学生在反复的实践中内化成品格，转换成能力。

【实验步骤】

老师梳理出常见的"三观"条文段落，让学生反复阅读。

中国人的人生观；

中国人的审美观；

中国人的辩证观；

学生阅读教材文本，完成"三观"摘抄摘记练习

（1）从教材里找出关于人生观的句子或段落充实自己的作文素材库（要求：纪事者必提其要，纂言者必钩其玄）

（2）从教材里找出关于审美观的句子或段落充实自己的作文素材库（要求：纪事者必提其要，纂言者必钩其玄）

（3）复习初中课文，找出含有辩证法观点的句子或段落

（4）阅读中外思想史、哲学史、宗教史等方面的书籍，摘记一些适用的思想观点、理论主张。

教师写下水作文，详见成果展示第1篇。

学生仿写，一定要体现自己的人生观、审美观和辩证观，并且用这些价值标准衡量他们生活中的典型人物或者典型细节，写出有感觉有感受的标准文章来。

学生创新。把价值观的作文写实写活，写出感悟，写出发现。甚而至于能够应用到所有的题材领域，如劳动题材、扶贫题材、文化艺术题材等，真正做到举一反三，触类旁通。

【实验数据】

第一组实验是同年级、同样基础的的班级的对比试验

初三年级的8个班423人，其中有四个班，有意识地做了阅读指导，要求学生摘记"三观"资料，消化"三观"内涵，练习用"三观"标准衡量世相，提升思维层级。

表6-1

	月考中的35分作文数量	月考中的33分作文数量
实验班4个	57	65%
非实验班4个	31	51%

说明：

月考阅卷教师由全体初三老师流水作业。

不含书写的3分，一般情况下，35分以上是1类文，33分以下为二类文、三类文、四类文。

从表中数字可以看出，不论是应试作文，还是课堂习作，或是精心打造的投稿文章，实验班学生作文的质量明显高于非实验班学生作文的质量；

优秀作文的数量，差距更加明显，尤其是非应试场合的作品。分析原因，第一，非应试作文，环境宽松，实验班学生可以随时翻阅手头的关于价值观方面的摘读摘记，手上有料，笔下有料，有备而来，有所收获；非实验班学生平时没有做这方面的阅读准备，巧妇难为无米之炊，歉收失收，理所当然。第二，应试作文题着眼于中考，常常领先于教学进度；有时老师命题有意识减少与平时读写的关联性，在陌生情境下，大家的应变能力，降低了质量差异性趋势。但总的来说，有准备的比没准备的，还是有所不同。所以，即使是应试作文，实验班还是明显好于非实验班，只是好的幅度程度相对少了点。

第二组实验是2019届初三学生521人，与2020届初三学生423人

我从学生"有不有意识""有不有标准""有不有体验""有不有反思"四个点作出对比，看读写融通训练的效果。2019届学生作文以《走过，才明白》，内容大多只写感觉，不能提升至感悟，肤浅得像蜻蜓点水；即使有一点点思考，语焉不详，更谈不上思辨透彻。2020届教学过程中，进一步提升训练，我把"人生观、审美观、辩证观"具体化，讲故事，做分析，重应用，以"穿越平凡的伟大"和"所有的结局，都是新的开始"为题，写了两次作文，加以锤炼打磨，收到比较好的效果。

表6-2

	有审美意识	有审美标准	有审美体验	有审美反思
2018届	35%	2%	45%	1%
2019届	55%	15%	51%	6%

表6-3

	有思辨意识	有思辨标准	有思辨体验	有思辨反思
2018届	23%	2%	45%	1%
2019届	58%	10%	61%	5%

表6-4

	有人生观意识	有人生观标准	有人生观体验	有人生观反思
2018届	50%	5%	45%	3%
2019届	75%	20%	74%	10%

2019届学生事先没有有意识地做"三观"标准的读写指导，在2018年10月月考时，就以"走过，才明白"为题，我们有意识考查学生的"三观"应用状况。只有马之越"原来世上哪有什么岁月静好，只是有人在为你负重前行！"作文能够讲到价值观文化里的逻辑思辨，凤毛麟角，只有区区一篇。其他学生作文内容大多以地方美食、身边丑事、读书经历为题材，有点像蜻蜓点水，只写感觉，不能提升至感悟，即使有一点点思考，语焉不详，更谈不上思辨透彻。有朦胧的意识、体验，没有标准，更难于有反思，无法上升到理性层次。

执教2020届初三，有计划地对学生进行了"三观"教育，要求学生上交"三观"知识阅读积累，学生由于多种原因，作业完成很不理想，一共只筛选整理出学文段52个，大约2000字，没有实现专项训练的目标，勉强打包遍发给学生阅读，提议学生继续补充内容涉及哲学智慧、诗词艺术、人生感悟。虽然没有能够大面积普及"三观"教育，没能让大都数学生对人生世相、社会动态、自然演变做出理性的、全面的、比较客观的评价认知。但仍然有一定数量的学生掌握了价值观标准，并且能够用它观照外界甚至内心里的是非、得失、优劣，写出了好文章。

【实验成果展示】

1. 教师作文

所有的结局，都是新的开始

阳丽丽

古代的愚公出行不便，于是开家庭会，统一了"毕力平险"的思想；"叩石垦壤"，亲自劳动，赢得了邻人的支持；"寒暑易节，始一反焉"，不惧辛苦，克服困难；"子子孙孙无穷匮"，挖山不止，最终感动天帝。天帝派两个神仙"负二山，一厝朔东，一厝雍南"，给愚公让出一条路来。（先概述愚公移山的故事，注意语言简洁，故事情节要点齐备。韩愈说的"纪事者必提其要，纂言者必钩其玄"。还要注意叙述的角度，主题的角度，与主题不相干的话一律省了）

愚公移山的故事是结束了，他和村民们可以"指通豫南，达于汉阴"，世世代代过上了耕种自足，交易自由，来去方便，睦邻友好的幸福生活。（扣结局，"耕种自足""睦邻友好"为下文写"新的开始"铺垫）

但是好景不长，历史演进到二十世纪四十年代，愚公的子孙们，也就是当时的中国人民，又遇到了新的问题，有两座新的大山压在他们的头上，一座叫做帝国主义，一座叫做封建主义。（解释好愚公概念、大山概念的转换，让读者明白其中的逻辑联系）中国人民想过"耕种自足"的生活而不能得到，于是中国共产党人，这些现代的新愚公，统一意见，"下定决心，不怕牺牲，排除万难，去争取胜利"（扣"聚室而谋"，"吾与汝毕力平险"）。然后自己投身到挖平两座大山的运动中去（挖平两座大山，扣"叩石垦壤"；没有说劳动，是因为劳动的形式有所变化，也就是下句中的"奋斗"和"民族解放斗争"）；仅仅这样还不够，要发动群众，唤醒群众的觉悟，让他们甘心情愿和一起奋斗，一起加入到民族解放斗争的队伍中来。（扣"跳往助之"，赢得了邻人的支持）

毛泽东同志说："我们一定要坚持下去，一定要不断地工作，我们也会感动上帝的。这个上帝不是别人，就是全中国的人民大众。（扣"帝感其诚"，发展了愚公移山的核心价值，不是虚无的天帝，而是身边的人民大众。山是高大的，但人民群众的齐心协力作用更大，也就是俗话说的"人心齐，泰山移"，王屋、太行总没有泰山高大）全国人民大众一齐起来和我们一道挖这两座山，有什么挖不平呢？"一九四九年，历经十年的浴血奋战，他领导的中国人民推翻了两座大山，把日本帝国主义赶出了中国，把专制独裁的国民党反动派赶到了台湾，在中国大地上建立了新中国。（扣"一厝朔东，一厝雍南"）

历史上对愚公精神的认识只限于"知山之大，人之心亦大。愚公移山之既成，在于愚公之道行，体道以通神，人天同心，最终获得有成"。这个认知是不够全面的，只有共产党人才真正懂得愚公精神的实质是用自己的亲身劳动，感天动地，聚拢人心。（共产党人领导中国人民推翻两座大山，本身是新愚公故事的历史开始，也是对愚公精神新的认知开始，还是今人对历史评价的重新审视的开始）

新中国的第二代愚公走改革开放的劳动路线，让中国人民富起来；第三代愚公喊出发扬"工匠精神"，走民族复兴之路，要让中国人民强起来。（愚公精神的具体表现，赋予愚公精神以新的外延）

我们今后的发展路上，或许还会出现两座大山、三座大山，但是只要我们像愚公一样不怕困难，敢于奋斗，持之以恒，最终一定会赢得最后的胜利。（愚公精神内涵还在延续，并将长期保持不变。通观全文，对结束与开始做了辩证的理解，没有简单化、极端化。）

2. 学生作品

劳动成就幸福

丁百川

热爱劳动，是中华民族的传统美德。从古至今，华夏大地并不缺少或伟大或平凡、或崇高或渺小的劳动者的身影。（简约的议论，引出劳动的话题）

劳动，首先谋求的是物质上的幸福。（分论点一，从看得见、摸得着的实体的角度将劳动的意义和价值）

中国的传统农民，曾如脚踩田埂一样稳稳的踩在农时（这个比喻很新颖，田埂可踩，用脚；农时必须记，而且是用心。用形象表达抽象，好），渐渐的，农时成他们一辈子行走的坐标（又是一个新颖的比喻，农时是农人行事必须遵循的的规律，不能违背，读书人不懂，作者把它比作坐标，是维度的起点和中心，这个比喻是写给读书的城里人看的）。他们在汗水的光芒中行走着，用一犁一耙去谋求那餐桌上的一粥一饭（用对比，"一犁一耙"与"一粥一饭"强烈的反差，让读者印象深刻，揭示劳动成果的来之不易）。"农家少闲月，五月人倍忙""乡村四月闲人少，采了桑蚕又插田"，都是他们生活的真实写照，对于农人而言，用长时间的劳作换来短暂的幸福，已然足够（再次用对比，"长时间的劳作"换来"短暂的幸福"，不仅写出农人容易满足，而且巧妙点题）。就如我的祖母。

我的祖母是一位标准的农民，文化程度不高，但她满足于田间地头的生活，她的田不算很大，常年种满了碧绿的菜蔬，高高的芝麻。种的菜，一部分自己吃，一部分拉到城里去卖。如今，她已七十来岁，长年劳作的双手布满了老茧。她乐于做各种家务，烧得一手好菜，劳动成就了她物质上细小琐碎的幸福（这一段概述祖母热爱劳动，切题；末尾一句点题，没一点痕迹。写事不繁琐，议论不生硬，抒情不做作）。

劳动，其次成就的是精神和人格上的幸福。（文章主题深化了一层，由实到虚，由个体到整体了）

杜甫一生经历了唐的两个历史时期，从全盛到衰败，他的一双眼看透了许多世事。无法用行动为百姓造福，于是他用一支笔却为民间的疾苦痛呼，用一支笔去抒发沉重的家国之思。他在用笔劳作，是"纸上的庄稼人"（这个词是作者的创造，正是这个创造，把体力劳动和脑力劳动联系起来了。而且"纸上的庄稼人"的称呼很形象，很确切）。从此，一方白纸变成了他一生都未迈出的田地。那乌丝栏是他的田埂，滴滴笔墨是苦难中结出的果实。表面上看，他的劳动似乎令他痛苦，但是，能有一双能倾诉心声的笔，他的心中的也有些许宽慰，这是劳动带给杜甫精神上的幸福（写脑力劳动不忘使用体力劳动的词语，既便于理解，还容易引发联想。手中事再多，心里事再烦，必须记住要点题"劳动带给……精神上的幸福"）。

随后，我们再来看看袁隆平，作为一名年逾90高龄的科学家，他一生便是在劳动中度过的。别人称他科学家，他更愿意别人叫他为农民。他说过，我这辈子有两个愿望：一是永远身处于田间地头，二是让人们吃上饱饭。可见，劳动成就他的，已经是更高一个层次，是人格的幸福。（袁隆平对劳动的认识，对世界的贡献，都远远高于杜甫和祖母的，作者准确的定位院士的劳动，给世人留下的是人格幸福的财产。文章逐层深入，完全符合逻辑

规律）

劳动如歌，谱奏的是生命的韵脚；劳动如诗，婉转的是不变的情怀。不同的劳动，成就了不同的幸福。

穿越平凡的伟大

张志明

若人皆为一粒平凡的种子，种在地下却长出伟大的果实，那么孕育它的土壤，一定是劳动。（我在课堂上讲，平凡是此岸，伟大是彼岸，而劳动则是让人从此岸走向彼岸的桥梁，作者推陈出新，造出这个开头，有创意）

父亲就是万千世界中一个平凡的人。他每天都早早起来做肠粉，打理早餐店。我每天起床，总能看到父亲在炉子冒出的滚滚白雾中若隐若现。（用景物描写，交待父亲的工作环境，为下文发极有人情味感慨铺垫）

只见他先用刷子在铁盘上抹了一层薄薄的油，然后用勺子从装满米浆的桶中舀起满满一勺，将手一移，一倾，一层白雪就撒满铁盘。接着他来回倾斜铁盘，使米浆厚薄齐整了，再把铁盘就推入炉中。在等待肠粉出炉的过程中，父亲时而抓一把生菜投入铁盘，时而打一个鸡蛋倒进去。肠粉很快出炉，父亲取一瓷盘装好，将肠粉裁匀，酌一勺酱料撒在面上。（写父亲烹制肠粉的手艺，细节真实而且准确，动词、量词都很恰当。）热腾腾、色鲜鲜，一碟肠粉就送到食客面前，空气中还氤氲着一股淡淡的米香。

再一看，整盘肠粉中，雪白之上染了一层黄色和褐色，底下还隐约透出一股浅绿，几种颜色相互搭配，穿插，相得益彰。整盘肠粉做下来，若行云，如流水，几乎没有停顿，不到两分钟，一份色香味俱全的肠粉便已端至食客桌上。（这一段描写，既是对肠粉品质的描写，又是对父亲手艺的赞美。好句子要放在醒目的位置上，以达到引起阅读者注意的目的）

我原以为做肠粉很简单，于是跃跃欲试。结果在一阵手忙脚乱后，勉强完成，且耗时长，品相差。直至这次尝试后，方觉劳动之难。（不写自己的尝试做对比，不会体验到父亲手艺的高妙，看事容易做事难。）冬天我站在机炉旁尚觉炎热；难以想象的是，父亲如何度过一个个热浪袭人的夏日的。（不是孝顺的儿女，不会有这一句真情的发现，真情的句子一句可以顶一万句）于是父亲在我心中的形象一下就高大起来。父亲以他平凡的劳动，成就了他在我心目中的伟大。（父爱如山，山之美，普通人都讲不出来的，作者讲出来了。了不起）

其实，不仅仅是身体上的劳动可以成就伟大，思想上的劳动亦能使人从平凡的此岸抵达伟大的彼岸。

苏轼，就是一个例子。他在思想上精耕细作，创作了无数脍炙人口的诗词散文，是名副其实的"纸上的庄稼人"（写文化人的劳动，得靠脑子转圆快）。常年的"劳动"造就了伟大的远见。他被贬黄州后，在屋后种植药草。后来杭州爆发瘟疫，便拿出自己的药草和药方"圣散子"，免费为百姓治病。为了改善下层百姓的生活，他又亲自劳动，烹制出了东坡肉、酿制了客家酒。（苏轼的例子还真的紧扣"劳动"，而且是平凡的体力劳动）因他住在东坡，当地人尊称他为"苏东坡"。从苏轼到苏东坡的过程，其实就是他以劳动穿越平凡实现伟大的过程。（苏东坡的伟大是由体力劳动创造出来的，但没有停留在体力上，成就了他人格的精神财富）

劳动如一艘渡船，将人从平凡的此岸，摆渡到了伟大的彼岸。只要细心观察，在我们的身边，还有许多平凡而又伟大的人，亦如苏东坡，亦如我的父亲……

站在劳动的枝头微笑

——劳动是一切艺术产生的源泉

许峻彰

古人说："饥者歌其食，劳者歌其事"。（这是课本文学常识里的句子，也是文学理论中的主张，带有价值观色彩，引用它，可以提升文章的理论性。是文章内容"深刻"的体现）远古的猎人用简洁的文字"断竹，续竹，飞土，逐肉"，（作文材料里的话，适当使用，既添文化内涵，又添语言文采）记录捕猎的过程。这是现存的用文字记载的最早的劳动诗歌。远古人捕猎动物时的劳动，带来乐趣与美感，用语言吟唱，用文字记录，留下最早的艺术品。这是艺术产生于劳动的最直接的证明。（分析之后，别忘点题）

劳动的内容和方法，对劳动者有着强烈的吸引力；它可以让劳动者在劳动中感受到本身的乐趣。乐趣是美感，美感首先是由生产劳动本身引起的。（这是马克思关于艺术起源于劳动论述里的观点，道理并不深奥，反而很好接受）最熟悉的例子是"江南可采莲，莲叶何田田！鱼戏莲叶东，鱼戏莲叶西，鱼戏莲叶南，鱼戏莲叶北"。采莲女活泼轻盈的动作，愉悦欢快的心情告诉读者，他们简直陶醉在采莲的劳动过程中。（举例浅显易见，道理贴近易行。直接引用，简洁解释）

辛弃疾在《清平乐·村居》里写道："茅檐低小，溪上青青草。醉里吴音相媚好，白发谁家翁媪。大儿锄豆溪东，中儿正织鸡笼。最喜小儿无赖，溪头卧剥莲蓬。"这首诗不仅写出了劳动者自己快乐，还写出了劳动的旁观者的愉悦。也许正是因为诗人一家的劳动感染了客人中的"白发翁媪"，美好了低小茅檐，青青溪草，诗人才有了这首诗。（课文中的例子，加进自己的理解，陡生许多灵气。我一直认为，背诵古诗文不止10分，默写是10分，用到作文里，给阅卷者好印象，可以再加10分。行文到这里，引用课文诗句达三处，不低于六句，你是阅卷者，你会不喜欢吗？）

这些事例也证明，艺术起源于劳动。（再次概括点题，单独成段，阅卷者想看不到，都不容易）

劳动者在劳动中除了产生乐趣与美感，也会产生怨愤和不平。如"式微，式微，胡不归？微君之故，胡为乎中露！"翻译成白话就是："天黑了，天黑了，为什么还不回家？为了君主的事情，为了养活他们的贵体，才不得不终年累月、昼夜不辍地在露水中奔波劳作。"透露出劳动者内心的不满，甚至是愤怒。"愤怒出诗人"，（这也是文艺理论的观点，文艺界公认的，放在这里，体现了作者的理论修为。毕淑敏进一步引申"愤怒产生好诗、怜悯产生好诗、高兴产生好诗"）愤怒是由于劳动分配不公引起的。

有良知的诗人看到劳动者辛劳的场面，了解到分配不公的惨状，也会情绪波动，进而产生创作灵感。比如白居易的《卖炭翁》，穿着单薄的炭农，已经是"满面尘灰烟火色，两鬓苍苍十指黑"的疲惫了；为了多卖几个钱，"心忧炭贱愿天寒"，心中矛盾而且纠结。炭贱还有价，收入少也是收入；遇到太监，立马变得一无所有。（第五处引用课文片段，既是典型的劳动题材的例子，又是颇有文化文采的诗句，有叙有议，切入角度，叙事方法有变化。不显得呆板）白居易是最接近劳动者的，是劳动者成就了伟大的诗人。

　　关于先有爱情，还是先有爱情诗？王蒙在一次讲座时说，先有爱情诗，因为他七八岁就了读爱情诗。在先有劳动还是先有劳动的诗这个问题上，我是认为，先有劳动。（运用对比，表明态度，亮明观点）

　　劳动出诗人。因为人民的劳动，才有了数不胜数的流传到今的文艺作品。追根溯源，我们就会与艺术家们站在劳动的枝头一起微笑。（照应文题。）

我言秋日胜春朝

谢进杭

　　因自小处在深圳，很少外出，所以不知何为春，何为秋？用笼统的话来讲，春便是百花争艳，秋便是满目萧瑟。我认为两者皆好，但硬要我说出个分明来，秋是胜于春的。

　　秋天的雨是干炼的。一个月偶尔下几次，每次下得也不大，一会儿便停。秋天的雨丝是细长的，柔和的，但它也是干脆利索。秋雨下时，望向窗外，只是绵绵柔柔的几滴。透着雨帘，望望远树，一番青碧模样。滴落在檐，"叮咚"的响声清脆；伸手出窗，滴在手心，利落得不带任何后缀。

　　春天的雨是连绵的。一入春，先是吝啬得很，号称"春雨贵如油"；然后走向另一极端，便是止不住地下，一下便是许久，天也是暗沉的，惹人心生烦闷。春天的雨丝是连绵的，一根连着一根，在我眼前挂起了一道柔而且长的雨幕。虽说这朦胧的意境惹人遐想，但我更喜欢"柳暗花明"那种畅快的感觉。

秋天的叶是丰满的。秋高气爽，树上的叶泛着黄，挂在树上；清风徐来，旋起舞蹈，满地铺金。一些调皮的鸟踩在着金黄之上，发出脆生生的响。尤其是枫，那是最被太阳关照的，叶身泛着火红，分明的棱角，整齐的叶脉，让人感慨这大自然的鬼斧神工。摘下一片，那丰润的质感，让人不禁感慨这一年的好收成；这叶象征着丰收。

春天的叶，是娇嫩的。冬尽春来，大雪初融，万物复苏，百花齐放，百鸟争鸣。枝头长出嫩叶，却也不能说是叶，只能说芽。芽上几滴晨露，透亮，洗得那的嫩嫩的绿让人脱不开眼。用手触碰，那柔软的质感，更让人心生怜爱。但春天的叶，是千篇一律的绿。看得长久，难免心生疲倦。秋天的叶倒是有多种颜色，给人以不同的美感。

自古诗人多悲秋，赞美它的确实都没多少，我却觉得秋日胜过春朝。春季时分，春意盎然，行走于林荫小道间，那可谓真正的惬意，快活。"一年之计在于春"，这一年的收成便要看这春的气象。但是，若是没有秋，没有一地的金黄，怎能有稻谷"惊涛拍岸"，瓜果遍地可见呢？若是没有秋的成就，这春又是什么？若真是如此，这春只能供人们欣赏，就有华而不实的嫌疑了。这样，我更有理由说秋日胜于春朝了。

走过，才明白

马之越

小时候，我喜欢粉嫩早樱，在四月里一树一树的花开，喜欢春江杨柳，温温润润地舞着流光，却不喜黝黑无用的红树，不理解只会拼命工作的父亲。直到我走过红树的"心"，"走过"父亲的心，我才明白他们的深沉。

"万叶惊风尽卷收，独余红树拟禁秋。"

初见红树是在风霜高洁的秋。偌大的园中只见稀稀落落的三两棵红树，在污泥中局促地站着，好像很苟且。树皮黝黑而又丑陋，枝叶也少得可怜，甚至不能为行人遮阴，真无用，我心想。

这时，一个伏在电脑桌前的身影闯进了我的心。自从来了深圳，父亲没日没夜地工作，一有时间就捧起建筑书画稿，极少与我交流，我感到愤愤不平，父亲什么时候变成这样，变成眼里只有工作了？

　　如今时隔一年，母亲又带我回到了红树林。不同于去年的萧索，抬起头，就能看见被染绿的天空，时而还有琵鹭欢鸣着掠过——好一片绿色的海洋！我忍不住端详起这曾被我轻视的物种，却一脚踩进了淤泥中，出乎意料的是，脚下一片坚实。志愿者告诉我，那是红树发达的根系。一年前红树被移栽到这，它要适应海上的强光，土壤中的超高盐分，它要努力汲取养分培育后代。可是它没有足够的能力，所以只能长一点点叶子。但是它不分昼夜地完善自己，忍受寂寞，终于成就一片树林！

　　父亲不也正是这样吗？那些挑灯夜战的不眠之夜，他奋笔疾书，只因为他想完备自己的知识考上工程师，给他的女儿营造一个更加轻松的未来。他那么拼那样努力工作只是为了他的女儿！

　　原来世上哪有什么岁月静好，只是有人在为你负重前行！

　　转念一想，如红树一样的又何止父亲。40年前改革开放，千万人来到深圳。他们忍受寂寞，背井离乡，但努力奋斗，不怕漂泊，敢闯敢拼。正是他们这种精神，拼出了一个现代化大都市，为他们的后代，为他们生命的延续拼出了一片幸福的天空。

　　正如南先生所说"再没有一种树和深圳人如此相像"，那一刻，我才明白红树的养精蓄锐，明白父亲的良苦用心，明白深圳人的拼搏努力——都是那般伟大、深沉！

　　走过，才明白。

逆风起

马之越

　　父亲带我买了一个风筝，老鹰的，高昂着头，样子很神气，不过笼罩在人影下，身形显得有些灰暗。

空气中满是阴潮潮的气味，沉闷，直压抑到人的心里去。父亲一言不发地走在前面，沉默的气氛似乎就是暴风雨来临的前奏，我的心一点点坠到谷底，完了，父亲一定失望透顶，他引以为傲的女儿，竟然能在那样重要的升学考试里，因为粗心与梦寐以求的重点中学擦肩而过。地区划分的普通学校，如何让我实现自己的梦想，家人又会如何看我……

我越来越沮丧，只觉得"明日"一定是毫无希望的，先准备好接受父亲的一顿训斥吧。

父亲突然停了下来，在一个绿意盎然的公园。

"风筝顺风放还是逆风放？"

我脱口而出，"顺风。"

父亲转过身来，却面无愠色，只是一字一顿，极认真地说："不，要逆风。逆风才能形成气流差，托起风筝。"

他把老鹰风筝递给我，示意我尝试一下。

我惊讶照做，先顺风奔跑起来，可是风筝很快就盘旋而上了。我疑惑地望着父亲。

父亲只平静地看着我，没说话。

突然，风筝开始忽上忽下，摇摇欲坠，我只好拼命地跑，努力想稳住它。然而与我们同一个方向的风，一个小喷嚏，就把它吹得打转，一会儿就刮落在地。

我愕然了。

父亲捡起风筝，说："顺风，提供不了长时间的助力，反而因为同向轻松，一下就将风筝刮落。人生，也是这样。顺境带来的只有安逸，给不了人经验和阅历。只有困难挫折，才是助人成功的法宝。风筝逆风才能'远走高飞'，不信，你再试试。"

我开始逆风奔跑，在强大的气流里抬腿迈步比之前艰难得多，风筝也挂在地上，迟迟没有起色。长时间的快跑与疲累让我几乎想要放弃，父亲鼓励地朝我挥手，我获得了信心，不敢懈怠一下，更使劲地迈开步子。天地好像变成茫茫一片，我"发狠了，忘情了，没命了"，风声在我身后猎猎作响，阻力再也拦不住我,我只顾迎风向前!跑了好一会儿,积累的量变瞬间突破成质变,风筝扶摇而上,愈升愈高,我也兴奋地停下来喘气。父亲拍拍我的肩膀,眼里有了笑意,"抬头看看,这是逆风而上的风筝!"

我抬起头,老鹰风筝竟比旁边的摩天轮还要高了!它高昂着头,样子神气,再没有了一点瑟缩和灰暗,于辽阔的天空中,自由自在!

因它克服了阻力,将困难踩成脚下的起飞石,借力从而直上云霄!

我顿悟,困难,怎能拦住我前进呢——没有锯盘的切割,就没有钻石的璀璨;没有挫折的考验,就没有不屈的人格!因为这次失败,才能发现自己的缺点,从而在更关键的人生选拔中取胜。普通学校,一样能成为我追逐梦想的起点!即使前路布满荆棘,我也定会以梦为马,奋勇直前,逆风,而起!

我与手机

许方舟

人们把不好的都归结于它,但人们发现咒骂它的理由总没感激它的理由多。

傍晚我与母亲坐地铁回家,刚坐下的我环顾四周,发现不管是孩子还是大人,他们都紧握着一部手机,我也是其中的一员。我打开百度搜索《桃花源记》,在按下确定之后,我随着手机的荧屏来到了美丽的虚拟世界中,桃花在我的头顶飞过,落英纷纷在脚下盘旋。我走进一个石洞中去寻找梦的彼岸。刚踏入梦中,还没去亲身体会梦的快乐,我的思绪便被一位母亲拉了回来。那位母亲手握手机严肃地对孩子说:"少看手机,对眼睛没好处!"

听完对话后我感到无奈,那位母亲自己都紧握它不放,却教导着孩子,说看手机对眼睛不好。

我没有再去关心他们而是继续踏入手机的世界。

一阵响亮的马叫声穿透了我的双耳,鸣叫声很凄惨,让我不禁为它感到悲哀。忽然有一匹马飞驰而过,这种速度可以与千里马媲美,但是它却饱受着虐待，真是"虽有千里之称，食不饱，力不足，才美不外现"。《马说》让我明白在人才遍布的地方，如果不好好发挥，自己是得不到善用的。所以即使有非常之能的马，在如愚者一般的食马者手下，也不过是被鞭打的对象。

一口气读完了《马说》，我正想感激点赞时，被车中的广播惊觉了。播音员沉重地说"某某人因走路看手机不幸被车撞死"。这则广播顿时引起一阵对手机的不满。人们个个拿着手机，咒骂它是万恶之源。而我的那点小感激也被这一阵阵的咒骂声辗压了。

再一次打开手机，我感受到了古人的离别之苦、思念之恨，"一日不见，如三月兮"。在过去人们只能通过写信与自己所思念的人交流，但是现在人们拥有了手机，不再需要等待别人的来信。但是人们在使用它收发信息，利用它视频交流时，却在不断咒骂它。

时间飞速流逝，我下了车，仍然听得到人们那源源不断的骂声，他们都在责怪手机，没有人感激。而我却紧握着手机不放。

明朝政治家张居正说"法之不行也，人不力也，不议人而议法何益？"手机误认，问题在人身上，人的思想问题不解决，动不动就说手机是万恶之源，跟"不议人而议法何益"做法一样，舍本逐末了。

【实验小结】

国学大师章太炎论文章高下的标准是有情有义，认为文学都是"要发情止义"。他把情义解释为："'情'就是喜怒哀乐，……是'心所欲言，不得不言'；'义'就是作文的法度。"

认为古今之文有有法无情的，也有无法有情的，无情之作，不足贵了。相反地，至情之作如李密《陈情表》、诸葛亮《出师表》，则流芳百世。

梁衡又不同。他写《文章三层美》，提出文章美的三个层次。

第一层是描写叙述的美，写景、状物、述事、传播信息、知识等，要求如实，不走样，能显示事物本来的美。类似美术作品中的素描，体现出客观形境的美。

第二层是意境之美，即要写出感觉、感情、美感，将读者引导到一个美的精神境界。这个境界是作者的主观境界，是别人无法替代的创造。类似美术作品中的写意，反映出主观的情境美。

第三层是哲理之美，即要写出新的思想。只要有新的思想，就有美的魅力。如果能使新的思想进一步升华到哲理高度，并理出一种新理念，创造出一些警句，将其定格下来。这个层次的艺术魅力是一种冷静的思索带来的，是读者在经过一番景的陶醉、情的激动之后，静思其因，最终悟出来的宏观之道。它体现的是理境之美。

相对于初三学生，我们还不能提出过要求，但是一般来讲，情义价值高低，文章境界高下，首先取决于立意，我觉得"三流的立意谈感觉，二流的立意谈感悟，一流的立意谈价值标准"。即使达不到对价值标准的讨论，至少我们应该引导学生做三步提升，即从自然生态、人生世相里有所发现，能够证实或者正视某些普遍的道理；最后能做一点符合逻辑的辩证认识，也就是常说反思。

第一步，从人生世相感悟道理。丁百川的《劳动成就幸福》从古人到今人，从大科学家到普通人，通过他们的劳动成就了自己的幸福人生。张志明《穿越平凡的伟大》，观察父亲制作肠粉，"雪白之上染了一层黄色和褐色，底下还隐约透出一股浅绿，几种颜色相互搭配，穿插，相得益彰。整盘肠粉做下来，若行云，如流水，几乎没有停顿，不到两分钟，一份色香味俱全的肠粉便已端至食客桌上。"这一段描写，既是对肠粉品质的描写，又是对父亲手艺的赞美，巧妙的揭示主题平凡的人通过精细劳动可以穿越成伟大。许峻彰的《站在艺术的枝头微笑》，从诗文描写劳动生活里发现了"劳动是一切艺术产生的源泉"这个道理。倪浚哲《勇敢前行的我》，通过进篮球训练班前前后后的表现，揭示了学习生活中的哲理：不怕挫折，勇敢尝试、勇敢面对、勇于进取，一定会取得成功。

第二步，从自然生态感悟哲理。如马之越的《逆风起》，这是一篇哲理散文，由放风筝悟出人生道理。

开头交代放风筝的背景，不能进理想的中学，担心在普通中学成不了大器，心情比较沉重。父亲带我放风筝引出"逆风"与"顺风"的话题，并且让我自己试验，顺风放的失败与逆风起的成就，在对比与冲突中揭示主题"顺境带来的只有安逸，给不了人经验和阅历。只有困难挫折，才是助人成功的法宝"。父亲是一个善于教育的人，他把人生的道理寄寓到生活的小事中，不露痕迹的进行启发，开导，让孩子自己体验，自己对比，自己反思，然后发现生活的规律。

我也受到教育，顿悟出"困难，怎能拦住我前进"呢？"普通学校，一样能成为我追逐梦想的起点"，因而不再低沉。结尾表达自己重新振作，誓将"逆风，而起"，实现心中的梦想。一事一议，顿时顿悟，能够自圆其说，也属于好文章。

第三步，对从自然生态、人生世相里发现的道理进行思辨。如许方舟的《我与手机》，曾经有一段时间说手机是万恶之源，这在中国几乎成为主流社会的一致认识了。连中国的出家人静空法师都在微信里发文章，题目是《你想毁掉孩子，就给他一部手机》。孩子玩手机里的游戏迷恋上瘾，或者有手机上网聊天耽误学习。这不是手机的错，是孩子的监护人监管不到位造成的错，是小孩自己的贪玩的本性改造不良在惹祸。许方舟写自己用手机查资料、练口语、探讨交流学习心得，因为她通过观察、体验、思辨，明白了人们"发现咒骂它（手机）的理由总没感激它（手机）的理由多的多"的道理，所以她在别人的责骂、责怪声里，握着手机不放。末尾引用明朝政治家张居正说"法之不行也，人不力也，不议人而议法何益"，做理论依据，有历史高度，能更有力的说明所有的问题是人的问题，而不是物（手机）的问题。认知问题接近了客观的真相。

谢进杭《我言秋日胜春朝》，作者最为优秀的是末段的思辨，"'一年之计在于春'，这一年的收成便要看这春的气象。但是，若是没有秋，没有一地的金黄，怎能有稻谷'惊涛拍岸'，瓜果遍地可见呢？若是没有秋的成就，这春又是什么？若真是如此，这春只能供人们欣赏，就有华而不实的嫌疑了。"巧妙假设，延伸推理，指出如果没有秋的收获，"一年之计在于春"的"计"就落空了，"计"不能实现，那春简直就是华而不实，虚有其外的骗子了。"这样，我更有理由说秋日胜于春朝了"因为一生奋斗在于成呵。小小年纪，连深圳都很少离开的少年，有此思维，实在难得。

梁衡有一次在中央部长文史知识讲座的时候说："好文章是一个人在一定的时代背景下全部知识和阅历的结晶……它要综天时地利之和，得历史演变之机，靠作者的修炼之功。"理性的感悟，哲学的智慧，需要历练；但是有效的教导可以助推学生认知思维的飞跃。

第二节 "读悟写"一体式教学"传统文化"项目实验报告

【实验目的】

阅读与写作是一个连续不断的因果关系，阅读别人的文章，打牢写作的根基，又写出文章供别人阅读，成为别人的知识的积累。尤其是中国传统文化方面的阅读积累，对学生写出有文化、有文采的文章有显著提升效果，理论上更有指导意义和推广价值。

【实验方式】

我们课题组分纵横对比，做了两组实验。

第一组实验是同年级、同样基础的的班级的对比实验，录下实验班与非实验班在写作素养、应试表现方面的不同数据。希望能够从中寻找出一些带必然性的联系。

第二组实验是2019届初三学生521人，与2020届初三学生423人，以同题作文或者类似题作文，比较实验班与非实验班学生写出作文的在选材范围宽窄、立意境界高低、整体质量优劣等方面的差异，希望能够发现读写融通表现在写作能力有效提升的促进作用。

【实验原理】

人的个体经验，任何知识转化为行动都是有一个过程，在这个过程中，其实已经在潜移默化地在心理上产生了作用，尤其是传统文化。在长期无形的渲染和熏陶中，价值观、世界观可能已经悄悄地在学生的心里种下，一旦风雨浸润，就会凸显在行动中，知识就完成真正的内化。

根据传统文化的内容分类，（见附录）要求每个学生利用寒假时间做阅读积累，至少完成传统文化的某一个单项的阅读，并且做好摘记。摘记的方法是韩愈说的"纪事者必提起要，纂言者必勾其玄"，即记事件要点齐全，时间地点、姓字名号、物件数字、首尾始末，一点不含糊；记言语把握关键，记下话题主题，主要观点及其依据，一点不走样。

在读中悟，在悟中写，实现品悟写一体化。让读切实地为写服务，让写也切实地为读服务，让读写互相促进、互相生成，把读写教学推向和美的境界，从而提高学生的阅读和写作能力，收获作文素养的高效提升。

【实验步骤】

（1）老师在QQ"写作展示"连续刊发"我们一起读书做摘记"系列文章15篇，两万多字，介绍朱光潜关于传统文化的美学知识和知名作家的读写经验，给学生做读写摘记的示范。

（2）学生读写尝试，向老师发送读写作品，老师分类四类整理有一定质量的学生作业，概括为家乡情怀、各地美食、传统节日、不变的文化现象，尤其表彰那些实中有虚、虚实结合的文化实体的观察发现。提倡观察与思考结合、现实与理论关联的读写方法

（3）教师写下水作文《站在汉语的枝头微笑》（见【实验成果对比展示】第一篇）。把传统文化比成一颗树，枝叶繁茂；传统文化的一个小类小项，相当于文化树上的一根枝权。文题要求写一个小项或者一个小类，而不是针对传统文化的整体。泛泛而谈，难有深刻新颖的发现。

（4）学生仿写，能理解题目隐含的深意：站立在树的枝头，且能用表情、用声音表明态度的必为鸟类。鸟可以藏身于枝叶，把自己融入文化之中；也可以超出文化树的实体范围，鸟瞰俯视；但最终是站在枝头的，不要离得太远，不要走得太久。暗示自己是一个有文化、懂文化，且擅长于鉴赏文化传统的人。

（5）学生创新。把关于传统文化的题材作文写活写实，写出感悟，写出发现。甚而至于能够迁移到别的题材领域，如劳动题材、扶贫题材等，真正

做到举一反三，触类旁通。

【实验数据】

第一组实验是同年级、同样基础的的班级的对比试验。

初三年级的共423人，让全部学生跟着一起读阅读笔记，有意识地做了阅读指导，要求学生积累传统文化的摘记；一年后，语文老师对学生的阅读笔记进行统计，发现分成了三类有些同学坚持得很好，按要求完成了全部的读书摘要，有些同学只完成了80%，有些同学完成了50%以下的。一年下来，我们发现因为读书笔记完成的不一样的，优秀作文在数量、质量上分出了高下。

表6-5

	月考中的35分作文数量	月考中的33分作文比率	参加比赛获奖数量
完成100%	68	90%	16
完成80%	20	70%	6
完成不到50%	4	40%	1

说明：

（1）月考阅卷教师不是本校本年级教师，或者是由联考学校老师、全体初三老师流水作业。

（2）不含书写的3分，一般情况下，35分以上是1类文，34分以下为二类文、三类文、四类文。

（3）参加比赛指去年《深圳晚报》举行的题为"心灵的选择"的初赛。

表格的数字，可以看出训练和不训练，还是有差别的。分析原因，第一，认真的学生可以随时翻阅手头的阅读摘记，手上有料，笔下有料，有备而来，有所收获；没有认真的学生平时没有做这方面的阅读准备，歉收失收，理所当然。第二，由于自"习作展示"的推发，尤其是点评表扬，更能激发学生的创作兴趣，燃起阅读的欲望；写得越好的学生，写作兴趣就越加浓厚，积极性就越高。第三，写作师一个长期积累的过程，积累多了，就容易内化。当积累到了一定程度，那么就厚积薄发，好的习作就容易产生。但总的来说，素材的积累和老师写作的指导非常重要，有准备的比没准备的，还是有所不同。所以，只要有积累，都会有进步，只是进步的幅度程度相对有区别。

第二组实验是2019届初三学生521人，与2020届初三学生423人。

从读写融通里挑出四个点，作出对比，2019届学生以"我喜爱的传统文化"为题作文，内容大多以传统节日、地方美食、历史人事为共性题材，缺乏个性；只写感觉，能提升至感悟的不多；有些有思考，但深刻的不多，更谈不上透彻。2020届教学过程中，有意识地把"我喜欢的传统文化"具体化，用"XX虽无字，常读便是书"和"站在——枝头上微笑"为题，写了两次作文，加以锤炼打磨，收到比较好的效果。

表6-6

	选材共性	选材个性	选材文化性	主题显理性
2018届	98%	2%	24%	1%
2019届	75%	25%	67%	15%

2019届对传统文化的阅读指导还没有成体系，相对较为粗糙，在2018年12月月考时，就以"我喜欢的传统文化"为题，我们有意识考查学生的传统文化积累状况。学生作文内容大多以传统节日、地方美食、历史人事为题材。优秀作文相对少一些，但也有像初三（7）周婧瑄"我喜欢的传统文化——忠义正直。不必伤感，因为苏武、屈原、豫让活出了我喜欢的真性情。"作文能够讲到传统文化里的骨气、节操，凤毛麟角，就比较少。

2020届对传统文化的阅读指导，有了经验，更成体系，更有层次和深度，并且要求学生上交阅读积累，还整理出学生的专题文章85篇，大约10万字，发给学生细读，内容涉及哲学智慧、诗词艺术、旅游发现、人生感悟；即使是艺术一门，就包含艺术分类、艺术手法、艺术掌故，诸如艺术留白、唐卡风格、书法传承等，细节有个性，整体有认知，结构能拆解等。

学生作文的时候，兼顾内容与形式，最求尽善尽美。胸中有丘壑山水，笔底有锦绣文章。

【实验成果展示】

1. 教师作品

站在汉语的枝头微笑

阳丽丽

　　汉字是世界上唯一的表意文字，它产生于生活，象形、会意是造字的基本方法；汉字字义的演进，也有生活变迁的痕迹，尤其带着浓厚的人文色彩。

　　古代的中国人在使用汉语的时候，总是就近取譬，使语言显得生动形象的。他们把自己的意蕴、自己的诉求，通过自己的身体器官、肢体部位作为比喻，暗示出对方是自己必不可少的一部分，是值得信赖仰仗的对象。

　　如《三国演义》中，张飞丢了刘备的徐州，尤其是丢了刘备在徐州的家小，关羽责备他，张飞羞愧难当，拔剑自刎。刘备打了一个很有影响力的比喻，他说："兄弟如手足，女人如衣服；衣服破，尚可缝，手足断，安可续？"表达出刘备心里的那一份兄弟情深、事业重过家庭的意思。

　　古人把得力的大臣叫"股肱之臣"，"股"是大腿，"肱"是手的上臂，是身上最出力的地方。把绝对忠诚的自己人叫"心腹"；把侦听消息的人叫"耳目"；把摇旗呐喊、宣传造势的人叫做"口舌"。其他还有"肺腑之言""肝胆相照"等。这些词的含义古今没有变化，都被继承了下来。

　　但是也有词义发生了变化的。如"爪牙"，古义是得力帮手，属于褒义。如《汉书·李广传》："将军者，国之爪牙。"意为李广将军是国家戍边守关的得力帮手。现代人用"爪牙"一定是贬义，比如周立波《暴风骤雨》："郭全海寻思，满洲国这么一个大密探藏在这儿一年多没有发觉一定有爪牙。"句中的"爪牙"就是指"密探"的帮凶、党羽。

　　同是得力的帮手，人对股肱、心腹、爪牙、耳目、口舌依赖程度上稍有区别，"心腹"惯于出谋划策，"股肱""爪牙""耳目""口舌"则多指决策的执行。所以"心腹"表示的信任度最高，"股肱""爪牙""耳目""口舌"次之。

　　为了表示人与人之间关系亲密友好，还经常把对方比喻为家人。如成语

"一家亲""父母官";现代语"兄弟城市""姊妹学校""结拜关系"。国与国之间只有永远的利益,没有永远的朋友,更不用说有血缘关系的"兄弟姊妹"了。

中国历史上官与民永远是一对矛盾,常常处于尖锐、激化的状态。只有少数的某个时代的某个地域,出现过官民同乐,亲密无间的情况,凤毛麟角而已。而一旦有好官出现,这时就会说某某人"爱民如子",表达出老百姓非同寻常的满意。其实这里大有学问,"如"是像的意思,像儿女就不是儿女。封建社会里,富贵之家,男人妻妾成群,侍妾中的地位最高的人是"如夫人","如夫人"绝不是夫人。

西方有个哲学家,曾经彻底揭穿了"爱民如子"的欺骗性。他说,这些官员活着声言"爱民如子";死了,却不肯把遗产的继承权分配给百姓。说明百姓不是他们官员的儿女。中国的老百姓知足,对官员没有很高的要求,能够逢上"爱民如子"的官吏,能够休养生息,已经感恩不尽。西方的哲学家就不知足了,还觊觎官府要员的私家财产。

国人口语里某一个简单的意思,可以用不同文字做表述。例如"我",人的地位不同,面对的对象不同,或者修养禀性不同,都会有不同的表达。皇上用"朕""孤",太后用"哀家",和尚道士称"贫僧""贫道",练武的称"洒家",读书人谦虚说"不才",现代男女都用"本宝宝"等。词汇之丰富,表意之严谨,世界绝无仅有。

中国人学英语,要参加四六级考试,国人心里愤愤不平。设想自己命几个题目让外国人去考试,如"说曹操曹操到",曹操是谁;"中国女排大胜美国队"和"中国女排大败美国队",说法相反,意思却相同等。变化里有积淀,稳定中有变化,语意丰富,组合灵活。灵动摇曳的汉语语言,必定让他们洋相百出。我们自己则会乐开了怀。

2. 学生作品

指尖那抹光

黄静微

"一个小老头，剃个光光头，摸摸后脑袋，还是个小老头……"（童谣引入，别致）

小时候，外婆经常带我玩这个游戏：一张长方形的小纸片，斜着对折两次，再将下方撑开，多余的部分塞好，就做成了一顶简单的"纸帽子"。将它戴在大拇指上，一边念，一边把"纸帽子"藏在手心里，又趁将手伸到身后时快速将"纸帽子"戴回去。虽然这只是个简单的小把戏，但当时的我却兴奋得手舞足蹈。三岁，外婆用一支彩笔，一笔一划地写下三个大字："光光头！"用爬满皱纹的大手轻轻摸着我的小脸教我："这就是精薇最喜欢的光光头！"我高兴得摇头晃脑。折纸在心里扎下了根，我认识了"光头"两个字，外婆指尖有魔术。（折纸，既是传统文化，还是童心童趣的游戏，切入角度带来新奇的发现）

如果说外婆是启蒙，那么妈妈才是其中的高手了。（递进复句过渡，很自然）她会折各式各样的飞禽走兽，我最喜欢小马和千纸鹤。（叙事的主人使自己，转换速度很快，保证行文不旁逸斜出）

小马折得好能在桌上屹立不倒，然后妈妈会说："这是春风得意马蹄疾，一日看尽长安花"的小马，这也是"挥手自兹去，萧萧班马鸣"那匹落单的白马。我不服气，骄傲的说："为什么不是何当金络脑，快走踏清秋"的骏马。妈妈灿然一笑，用金色的彩笔给小马加个辔头，点点头说："对，这就是"欲将轻骑逐，大雪满弓刀"里面将军的骏马。而她的千纸鹤差不多是"独门秘诀"了。折好之后，轻轻捏住下端，拉动尾部，它便能像真鸟一般活灵活现地扇动翅膀。（面对折出来的一具纸马，各人调动知识储备，激发丰富多彩的联想，出现了同中有异，异中有同的审美结果。结果不重要，重要的是审美的过程。美是主观的，可以各美其美）

飞得正开心的小鸟，会突然一头扎入她的衣服里，我一脸不解，她偷偷告诉我:"我欲归来振羽翼,谁知一举入罗弋。""羽翼是小鸟的翅膀,对不对?罗弋是什么?是妈妈的衣服吗?""哈哈,宝贝真棒,罗弋就是捕鸟的网。就是周公开了一面的网,也是百草园里下面放了谷粒的小网……"妈妈指尖的小马和千纸鹤都是有故事的精灵。(顺便介绍古文知识,妈妈是个教育高手,能够等待、寻找、使用合适的教育时机,因势利导)

八岁那年,我们去奶奶家过年,妈妈突然让我教六岁的堂弟堂妹折花球。做花球的程序比较复杂。先要折出许多小花,按颜色和样式分好类,妈妈先叠出几个大盒子,在上面一笔一划写上"红色、玫瑰""白色、百合""粉色、杜鹃花"……妈妈教了一遍,便让堂弟堂妹自己去识字找对应的盒子。我一边缝花球,一边听妈妈眉飞色舞地跟堂弟堂妹讲花神的故事,第一次体会到"寻常一样窗前月,才有梅花便不同"。(用诗句含蓄概括自己的发现、感受。以简胜繁。李煜写亡国之愁,滔滔不绝:"问君能有几多愁,恰是一江春水向东流。"贺铸写闲愁满眼皆是:"试问闲愁都几许,一川烟草,满城风絮,梅子黄时雨。"都是用自然景物的描绘渲染抽象心相的郁结)

后来我才知道外婆和妈妈都是优秀的老师,怪不得她们都有一双点石成金的手。

站在粤语的枝头微笑

陈良浩

粤语又称广东官话,本地人俗称白话,是一门获联合国承认的语言。在国际上的地位几乎与汉语普通话相等,据不完全统计,海内外会讲粤语的人口有数亿,其重要程度可见一斑。(介绍粤语在国际上的地位,使用粤语的人口数,动词尽量避免雷同,数据交待出处,时时保留余地。没有同龄人常见的走极端的毛病)

作为方言的粤语,是语音语调最接近古汉语的方言之一。究其原因,普遍的说法是自秦灭南越以后,陆续有中原人口迁至岭南;后来中原纷乱不断,为了避难,又有一些汉人到岭南生活繁衍,他们的汉语虽与本地的土语有融合,但仍保留了古汉语的部分特征。粤语有"六音九调",日常常用的词汇也有古代文言的影子,例如"行路""食饭""饮水"等。(介绍方言中保留古汉语的原因,简洁不拖沓;提醒粤语特点用"六音九调"高度概括,专业术语,增强可信度;列举例子,只用"行路""食饭""饮水"三个词,六个字,都是生活里常见的,又确实与现代人的口语有区别)

粤语又有书面用语和口语之分,书面用语多用于书面的文章,如小说、戏文、歌词等,所用的字词与汉语普通话的字词几乎无异。但口语则揉合了许多具本土特色的词汇、俚语,例如把"他"写成"佢","不"写成"唔"等,外地人很难看懂。(再分类别说明粤语的书面表达与口头表达不同,概括准确,举例典型,做到了显而易见,近而易行,信而不疑)

上世纪90年代,随着香港影坛、乐坛的繁荣,粤语文化也步入鼎盛,大江南北海内海外都掀起了学习粤语的热潮,"浪奔,浪流"《上海滩》的主题曲;"万里长城永不倒"《霍元甲》的爱国情怀,唱响大江南北。但随着中国大陆实现经济腾飞,文娱业取得极大发展,文化重心也日渐北移,往昔繁盛的粤语文化开始呈现颓势。(介绍粤语的兴衰,与经济与文化联系起来做分析,思维超越同时代的人的特点。初三、高三,被称为"两耳不闻窗外事",而本文作者却不乏政治眼光、国际眼光)许多在广州土生土长的孩子所讲的粤语开始都变得磕磕巴巴,甚至有人预言"再过五年十年,粤语将会'失传'",疾呼保护方言,保护传统文化。(还颇有危机意识、故土情怀)

粤语文化是中华文化的一个分支,振兴粤语文化和学好、讲好汉语普通话并不矛盾,有不少人将二者摆在对立面上,其观点本就是错误的。没有哪一门方言应该被遗忘,也没有哪一种传统文化应该被抹杀。(又显现出思辨的能力。能辩证的看问题,还能辩证的分析问题。上一周我要求学生从课文里找几处体现辩证思维的文句或段落,大部分同学敷衍了事,只有成绩特好的几个认真地看书了、寻找了、思考了、选出来了,平时的练习是思维训练,是我刻意拔高学生思维能力的设计,可惜一般的同学不能理会。聪明的学生会越来越聪明)

随着中央加快推进建设"粤港澳大湾区",全国乃至全世界的目光又一次聚焦在岭南。(背景设置非常贴切)在此契机之下,我们应当重拾几乎被淡忘的、我们岭南地区的本土文化,在粤语独特的声韵中领略、感知它的的审美价值,把新元素与旧韵味无间融合,让属于我们岭南人的文化得以传承和发扬。(注意这里的几组近义词:"领略、感知""新元素与旧韵味""传承和发扬";还有"独特的声韵""无间融合",都体现了作者的眼界和胸襟)

站在节气的枝头微笑

丁百川

"春雨惊春清谷天,夏满芒夏暑相连。秋处露秋寒霜降,冬雪雪冬小大寒。"一首耳熟能详的节气歌,承载的是厚重的中华传统文化。伫立在节气的枝头,我们一同微笑着走过春风夏雨,秋霜冬雪。(文章开头是给阅卷者的第一印象。第一印象好了就带来第六感觉好。现在的大龄青年相亲,总是说没感觉,其实就是第一印象不好,不肯开启"情人眼"。如果第一印象好了,往往也不承认,找个借口说"凭第六感觉",其实也就是第一印象。所以文章开头必须经过美容、经过滤镜,把自己最好的一面呈现出来)

清明

读此二字,便觉一阵春风拂来,吹过心头的阡阡陌陌。古人对此二字如是解释:此时天朗气清,四野明净。至此节令,时已暮春。适合到郊外远足,去看那"落花人独立,微雨燕双飞"微妙风景;在垄上,沐风而行,三两人站在山丘上远望,远处定会有一片淡淡的白烟。远近的田野,泛着深浅不同的绿。简直是"绿满山原白满川,子规声里雨如烟"的生活原型。若是下着细雨,撑一把油纸伞,到水田里去走走,更别有一番意趣:不时传来声声蛙鸣,燕子低低地盘旋,满眼的"桃花红,李花白,菜花黄"。这个节气除了上坟祭扫面带淡淡的哀愁,其他都是勃勃的生机。(写节令气候,一般人用常规方法,一定是平实且平淡的,丁百川,没有落入陈套,反而走上出了新路。一是写出自己的感受,用实实在在的感受写出虚化的节气,"读此二字,便觉一阵春风拂来,吹过心头的阡阡陌陌"。二是富有意境,富有情趣的画面描写,"远近的田野,泛着深浅不同的绿"。还有引用的诗文,有声有色有层次,为下文的抒情做了充分的铺垫。)

芒种

到了"芒种",时已盛夏。此刻,正是天地充实,万物繁盛的了。"风吹麦成浪,蝉鸣夏始忙",农人们怀着喜悦而热切的心,在碧蓝的天穹下劳作。时近端午,常有"龙舟水"不期而至,暂时的清凉解除了夏天的暑热。我常于雨天独坐,仔细聆听那雨声中万物的低语——一声鸟鸣,一片落花,一缕蝉嘶,都被无限地放大,直抵耳膜。雨声,蝉声,书声,构成了夏日独一无二的回忆,很是耐人寻味。

夏天的每一个毛孔都张开了呀。(夏天给人一个大奋斗,大发展得机会,农人芒种,书生忙学,工人忙工,商人忙商,段末来一个"夏天的每一个毛孔都张开了呀",此时无声胜有声。丁百川是擅长这一手的,在另一次作文中"如清洁工、公交司机,他们冒着巨大的风险,为一座城贡献微薄的力量。他们是夜晚的萤火,千千万万的微光汇聚,便织成灿烂的星河。"我当时就说这样景物描写"一句顶一万句")

大雪

"一月,下大雪。果园一片白,听不到一点声音。葡萄睡在白雪的窖里。"每至大雪,我总能想到汪曾祺在《葡萄月令》中的这段描述。先生的文字也是干净如雪,不掺一丝杂质,让生于南方的我也得以品味那下大雪时的诗意。(课外阅读,彰显积累的深厚。上次联考,写《给武汉樱花的一封信》,大家都没想到,因而写不出诗文以增添文采,只有本文作者积累深厚,引用一句"去时风云锁寒江,归来落樱染轻裳",凤毛麟角,稀少最是珍贵。)

夜阑人静,读张岱《湖心亭看雪》:湖上影子,惟长堤一痕,湖心亭一点,与余舟一芥,舟中人两三粒而已。"白描的手法,勾画出山长水远的阔大境界,掩卷后令人不胜感叹。在大雪之夜品诗文,一切都静悄悄的。(引用课本文句，一样可以增添文采，关键是用的贴切，用在关键方位。去年初三10班学生，十几人就凭这一招，就拿了语文A+，语文上90，四大名校就会在视野之内。）

节气，是古人的农时，更是古人的花草笺，情意贴。（"花草笺，情意贴"，本来是现代销售术语，目的是以新奇吸引注意力的，作者借用到这里，既生动形象，又具体可感，仿佛看得见、摸得着的东西一样。既是模仿，又是创新。属于有灵气的表现）今天的我们，也能站在节气的枝头微笑，感受那穿越千年而来的温润诗意。然后收拾感动，继续前行。（点题，一般的同学就到此为止了，本文作者，偏偏后面能加一句。这一句就是超越平凡的伟大）

站在艺术手法枝头的微笑

刘芮佳

留白，是中国传统艺术一种特有的手法。留白，给人以遐想。（开头简洁，统揽全篇）

剪纸，是我最早接触的传统艺术（点扣传统艺术，转述剪纸一项，目的明确，方向明确，知识来源于阅读，写作时符合"必提其要"的韩氏笔法），一片红纸，有规律地折叠，再用剪刀在纸上留下自己天马行空的想象，展开，纸纸分离，切口相分又汇集，留下的白便在展开的一瞬成为花纹、成为艺术。

难一点的剪纸，便要打好稿，用剪刀尖小心地挑破稿纸，直切入红膜，剪掉的越多，留白便越多。细小的留白给画面以灰感，大片的留白却给人以空洞及无力之感。（对比中显示，留白颇为关键，处理得好是艺术，处理不好是败笔，有艺术眼光）

起初，我也只觉得留白甚是容易，可等自己拿着剪刀时，却又不知道究竟多大的留白才能给人以美的享受。画稿时也要考虑留白，在线与线的相错之中，时常留着留着便乱了神，分不清该剪掉的与该留下的。（现身说法，从教训说起）大师剪纸却又不打稿，仅凭脑海中简略的轮廓，便可以在纸上创造艺术，创作的好，便会微笑着反复端详；创作的不好，也微笑着琢磨反复修改。（学习的对象是大师，大师的经验才能是传统文化里的精华）

　　国画，也需留白。西洋画里，凡是画水、海、湖时，西洋的画家总会用极细腻的颜色仔细勾画，深浅搭配，极富层次。可国画不同，每回到美术馆欣赏水墨画时都会发现，中国的传统山水画，基本都有大片的留白。比起西洋画，中国的国画就显得很豪气：山与山间的留白，是水；树与树之间的留白，是雾；天色的留白，不是飞鸟，便是留给收藏家们的一个题写盖印的地方。墨色的山水画里的山，总是中间留着一截不规则的白，本来是静，可融着白边的墨山墨水，白色变流动起来，漂浮起来，成为河，成为雾。留白留下来的不仅是事物，还是意境。（讲国画，有国画的素养，分明是内行人，这本身就是文化。因为文章是课堂内完成，不可能网上复制粘贴，所以专项的阅读摘记，或者从小形成的艺术素养，是写出好文章的前提条件）

　　版画里的留白更是讲究，阴刻与阳刻便是两种不同的留白，留白本身可以成为画，去掉留白也可以成为画，若阴阳共用，留白的艺术便被彰显到极致，印出来也更具活力。书法的字与字间也有留白，楷书的留白让每个字有了独立的空间，更显工整，草书的留白于笔划间，更显豪放不羁。（讲版画，也大量运用版画的专业术语。如果不是从小就受过良好的家庭教育，尤其是国学教育，掌握并领悟了中国传统的文化艺术，是写不出这么专业的艺术论文章。）

　　留白留出意境，留出让人联想的余地。（概括到位，留白就是创作的一部分，甚至是更重要的部分，因为它是艺术生命的源泉）若中国传统文化是树，那艺术手法便是树杈，留白是枝干多年孕育出的花苞，给每个前来欣赏的人以笑意、以期待。

守护这份美

曾文皓

裹就连筒米宿舂，九子彩缕扎重重。青菰褪尽云肤白，笑说厨娘藕复松。

——题记

艾叶又飘香，时间近端阳。逢佳节，总觉得缺了些什么。是习俗，还是曾经的记忆，抑或是逝去的亲人？如果可以，我愿一辈子守护童年的那段特殊的美好。

农历五月五日，是我国民间传统端午节，又称端阳节。民间常说："五月五，是端午。门插艾，香满堂。五月五，吃粽子。竞龙舟，喜洋洋。"

每一年端午节前，外婆就开始为节日的到来做各种准备。一大早把大门擦洗干净，在两侧挂上早已晒干的艾叶。又将艾叶粉放进早已准备好的香囊中，给我们每个人带在身上驱邪去病。接着外婆就会坐在客厅的中央，开始包粽子。

那时小小的我，蹲在一边眨巴着眼睛认真地看着奶奶手里的灵巧活儿。只见外婆坐在小板凳上，身边放着一大盆泡着水的绿油油的粽叶，正前方摆着一把木头椅子，椅子上放着一面盆白糯米，椅背上则缠着几根很结实的棉绳，一个个三角形的有着尖尖角儿的粽子有序地挂在绳子上面。

奶奶娴熟地把两张粽叶上下错开并重叠，两手一转，便将粽叶折成了圆锥状。奶奶左手握住它，右手将一根筷子放在里面，然后在面盆中抓一把米投进去，迅速地拿着筷子上下捅了几下，还要放绿豆、花生和红枣进去，最后又拿起另一片粽叶对折后盖住圆锥口，并拉着椅背上的棉绳上神奇般地旋转了几下，一个粽子就结结实实地挂了上去。

待到从锅里将一串串热气腾腾、香气四溢的粽子拎起来时，我高兴地手舞足蹈，早已馋得直流口水。我迫不及待地剥开粽叶，清香扑鼻而来，一粒粒糯米晶莹剔透。红枣甜，花生糯，用筷子夹起来沾着白糖咬上一口，又松又软，甜而不腻，内心满足极了！这个时候，外婆总会轻轻地摸着我的头笑眯眯的。如今外婆早已离开了我们，儿时舌尖上的味道，我只可以变为守护在心底的一份幸福与温暖。

今年端午，恰逢是高考的日子。网络上除了有祝愿高考生"一举高粽"的戏谑祝福，也有各种团圆吃粽、欢乐竞渡的新闻报道，好不热闹。父母工作繁忙，也无暇包粽。为了应节，我们也只能在超市冰柜里，在充满噱头的榴莲粽、燕窝粽、小龙虾粽中，挑选那不起眼红枣粽。拿回家蒸热吃，米没有了香糯，粘了糖，也吃不出记忆中的味道。一份遗憾惆怅弥漫心间。

岁月太匆匆。如果可以回到过去，我想守护舌尖上的味道，守护那份幸福与温暖，守护粽叶飘香的这份美。

点评：学生曾文皓一开始引用诗句做题记，既点明写作内容，又增添文化气息。接着后文的叙述和描写也是娓娓道来，细节描写很到位。结尾的抒情，一份感慨与惆怅，是不是在台湾作家琦君的《春酒》里看过？学生还是很认真把课文读进去，无论细节处、情感抒发等都有模仿及融合的意味。

带一本书去旅行

陈柯雨

春风正盛，当书籍悄然化作旅行的大道，我愿用阅读丈量世界的距离，在时空的回旋中，感受不一样的人生。

历史的年代尺一直向前延伸，我却逆流而上，停驻在了上面的一点——庆历年间。这本是一段波澜不惊的时期，宋朝国泰民安，海内升平。然而，他们的存在，却书写着属于这个时代的篇章。

鲁山山中的绮丽风光，因梅尧臣的《鲁山山行》而家喻户晓。鲁山之游，赏自然之清新风姿，领悟执著的真谛。

鲁山山中，山势高低起伏，地势不平。动物们各地其所，爬树，饮溪，好不自在。小路幽深而曲折，通向树林的深处。此时，深秋时节，霜降林空，暮色渐渐融进了树林。山坡上的那一抹红，如点睛之笔般与周围化作一体。山间烟雾缭绕，如世外仙境般之美景。云外那一声鸡鸣，山中人家还有很远。山间之美，岂能用语句描其真貌？

在鲁山山上，我沉浸在深秋之色中，体会着梅尧臣怡然自乐的心境。

我乘上东去的马车，跨过丰收的华北平原。

环滁皆山的那座亭，因欧阳修的《醉翁亭记》而千古传诵。滁州之游，观山水之秀丽，悟人生百态。

走在草木繁盛山间，不觉的沉浸其中。忽见清晨山中，日出而林霏开。夜幕之景，云归而岩穴暝。春日，野芳发而幽香；夏日，佳木秀而繁阴；秋日，风霜高洁；冬日，水落石出。四时之景，得无亦乎？太守醉了，而醉翁之意不在酒，醉于如诗如画的山中，更醉于随他一同游玩的滁州百姓的欢乐中。

在滁州山上，我登高远眺，体会着欧阳修与民同乐的旷达情怀。

我乘上长江中的一叶孤舟，沿长江逆流而上。

洞庭湖畔的岳阳楼，因范仲淹的《岳阳楼记》而熠熠生辉。洞庭之游，观洞庭天下水，赏岳阳天下楼。

沿湘江顺流而下，一片烟波浩渺的天水映入眼帘。远处的青山若隐若现，点缀着一抹淡雅的绿。然而岸上的百花争艳清晰可见，香草和兰花的葱郁清翠。湖中波浪滚滚东流，浩浩汤汤，宽广无边，有气吞山河之豪迈。岳阳楼静伫在湖岸，金黄色的瓦片，像位皇帝的衣裳高雅而整洁。此何不为洞庭之大观也？

在洞庭湖畔，我体会着范仲淹的"不以物喜，不以己悲"与先忧后乐的人生态度。

庆历年间，我追寻着梅尧臣的足迹，跋涉于鲁山山中，远眺太阳的余光消失在地平线之间；我与欧阳修邂逅于滁州山间，垂手而立静听他讲述与民同乐的乐趣；我与范仲淹同行，辗转于洞庭湖畔，欣赏豪放壮阔的飞天的水波。书中的旅行没有终点，愿我继续寻觅美景，发觉不一样的人生，用我的脚步，谱写属于我的人生篇章。

点评： 陈柯雨观察细致，在教材众多的传统诗文中找到一条时间线索——庆历年间，把梅尧臣的《鲁山山行》、欧阳修的《醉翁亭记》和范仲淹的《岳阳楼记》三篇古诗文串联起来，找到他们的共性与异性，结合自己的理解和体会，摘读摘写，敷衍出一篇有文采有思想的佳作。

我喜欢的传统文化

周婧瑄

你可知苏武？你可知屈原？你可知豫让？他们身上有着浓厚中国传统文化的气息。文天祥说"时穷节乃见，一一垂丹青"，概括了古今忠臣义士的特征。

他，苏武，手握持节旄，立于茫茫雪原。曾有人说，他是中国历史上最有气节的人。匈奴人把他囚禁于罕有人迹的北海之野。渴了饿了，他饮雪食草；困了倦了，他席毡卧雪。威武不能屈，贫贱不能移，富贵不能淫，十九年如一日，只因为他有一颗坚定不移的爱国心。去时风华正茂，归来白发苍苍，他不曾抱怨，只是在归途中噙满泪水。史铁生说约伯的信心无上帝的担保，是一颗真正的信心。可如今我要说的是苏武的信念更是无任何福祉的承诺，是令人敬畏的赤子之心。

苏武，有着我喜欢的传统文化——爱国，我只有怀着一颗敬仰之心，敬仰他在历史上留下了不倒的丰碑。

我不知屈原是以何种脚步，何种心情来到汨罗江边，佞臣的陷害，君王的昏庸，百姓的疾苦，楚国的危亡，当他知道这一切都无法挽回时，他选择了葬身于波涛汹涌的汨罗江中，选择了与日月争光，他也选择了让现在的我们扼腕痛惜。"路漫漫其修远兮，吾将上下而求索"是他的理想；"举世皆浊而我独清，众人皆醉而我独醒"是他的现实。司马迁饱含触动的写下了《屈平贾生列传》，写屈原的意气风发，写屈原的精准谋略，写屈原的穷困潦倒，最终还是落笔到那个站立于汨罗江边的伟岸形象。最终我还是落泪了。

屈原，有着我喜欢的传统文化——正直。我只有怀着一颗敬慕之心，敬慕他谱写的一曲正直之歌。

"士为知己者死。"当豫让喊出这句话时，我想连天地都不敢出声应答。豫让行刺赵襄子不成，没得到心灵上的半点宽慰。他易容改面跪在赵襄子的轿前，恳请赵王脱下王袍，好让自己对着王袍刺三剑。襄子落泪了，可豫让却说"智伯国士待我，我以国士报之。"自刎于轿前。江淹的话也写得好："乃有剑客惭恩，少年报志。"为报智伯的知遇之恩，肝胆相照，侠气逼人，在那个兵荒马乱的年代，豫让用他的行动竖起了一竿"义"的大旗。

豫让，有着我喜欢的传统文化——义气。我只有怀着一颗被震撼的心，震撼他给历史留下的重彩华章。

我喜欢的传统文化——忠义正直。不必伤感，因为苏武、屈原、豫让活出了我喜欢的真性情。

点评：作者以忠义正直的传统文化为话题，选取苏武爱国、屈原正直、豫让心正直又讲义气三个古人史实，以我喜欢为情意线索，叙写他们伟岸的外部形象和高尚的内在情操，并明里暗里抒发后人的敬仰之情。古人有"我注六经与六经注我"说法，所谓"我注六经"就是说，我尽力去理解六经之中的本义；而"六经注我"的意思就是，借用六经之中的哲学道理来阐述我自身的想法。本文虽然没有达到借传统文化之中的哲学道理来阐述我自身的想法的高度，但总算是拿来主义了，比摘抄摘写、仿读仿写，还是有所进步的。

【实验小结】

讲文化积累在写作中的作用时，梁衡以冰心从小苦读为例，说："在从中剪子巷到贝满女中上学的路上，她就读着《西厢记》《三国演义》《红楼梦》《唐诗三百首》。她的父亲参加过甲午海战，当时任海军部次长，家里藏书很多。冰心左图右史，采英撷华。等到她立马文场之际，笔下已有雄兵10万，可供驱遣了。"梁衡的这段话里有三重意思：第一"左图右史"，泛读典籍，跟我们提倡的摘读摘记一致；第二"采英撷华"，仿读仿写，也就是我们常说的入格训练；第三"雄兵10万，可供驱遣了"，任意发挥，文章天成，就是创作与创造了。

传统文化的读写融通训练也是这番道理。

第一步，要摘读摘记。阅读传统文化方面的文章典籍，泛读与精读要相结合，分项阅读与专项阅读相结合。黄永玉在讲创作的经验时说，"画家做画需要分类积累造型、色彩、动态，需要积累形象，尤其需要积累同中有异，异中有同的树木岩石，山川风物"。写作也一样，需要分类积累历史、文学、哲学方面的典章故事，尤其需要积累性质相同相近、相反相对生活细节、语段描写。

初学写作，往往从实录、抄录做起，"天下文章一般高，看你会抄不会抄"，非实验班学生陈珂雨的《带一本书去旅行》，围绕自己的主题，摘用庆历年间梅尧臣的《鲁山山行》、欧阳修的《醉翁亭记》和范仲淹的《岳阳楼记》三篇古诗文，来叙写自己对自然景观的印象以及对古文化人的景仰。就属于"会抄"的一类。

第二步，要仿读仿写。文章都是有章法的，古代的文人已经帮我们积淀了许多美妙实用的章法格式，我们必须继承并予以发扬，韩愈在《柳子厚墓志铭》里面说："衡湘以南的学者，经子厚口讲指画，法度皆有可观。"学习模仿是创新的基础，模仿有仿意蕴与仿格制的不同，柳宗元的《捕蛇者说》其实是仿《礼记·苛政猛于虎也》的，意蕴相似，只是细节不同。古人和诗，只采用相同的韵脚和诗歌的章句，写自己的心绪和环境，属于仿格制，苏东坡就把陶渊明的每一首诗和了一个遍。非实验班学生曾文皓《守护这份美》就是仿照琦君的《春酒》，怀旧思亲的，无论细节处、情感抒发等都有模仿的意味。

第三步，要推陈出新，写出个性。因为艺术的真正生命，在于对个别特殊事物的描述和表现；写个别特殊，才能与众不同，才能有艺术领域存在价值和意义。如果作家满足于一般，都写普遍性和共性，任何人都可以照样模仿，艺术价值的长远性就得不到保证。如果能写出个性，旁人就越无法模仿，更无法超越，因为没有亲身体验过。所以歌德说："到了描述个别特殊这个阶段，人们称为写作的工作也就开始了。"、

我们读写中国的传统文化，要努力选出生活中带有传奇色彩、神奇风格的项目向读者推介，并加以解读，这样往往能获得好感。因为传奇基于生活，而比生活更生动、更有表现力。不过要注意的是不能脱离真实的逻辑标准。2020届实验班学生黄静微《指尖那抹光》，写外婆和妈妈的折纸手

艺，穿插诗词教育，折纸并不神奇，但妈妈借此机会引导、启发女儿关于"马""鸟"的文学联想，则有相当的神奇作用。源于折纸，又不拘泥于折纸，还超出折纸讲诗词文学，讲幼儿教育。

马克·吐温说："尽管生活稀奇古怪，写起小说来可还得入情入理。"诗文教育是童年生活里的"稀奇古怪"，是"有个性"的地方，"入情入理"的"情理"就是"针对折纸"，有感而发，两者能结合成一个完整体。

2020届实验班学生丁百川《站在节气的枝头微笑》，写二十四节气里的清明、芒种和大雪，写节令气候，如果用一般的方法，会平淡无奇。丁百川同学，在写作中推陈出新，虚实结合。一边是节气，一边是感受，并且还非常有意境，要画面美。在古诗中，有色彩，有情趣。

文章末尾写到："节气，是古人的农时，更是古人的花草笺，情意贴。""花草笺，情意贴"，本来是现代销售术语，目的是以新奇吸引注意力的，作者借用到这里，既生动形象，又具体可感，仿佛看得见、摸得着的东西一样。既是模仿，又是创新。属于有灵气的表现。

最后一句"今天的我们，也能站在节气的枝头微笑，感受那穿越千年而来的温润诗意。然后收拾感动，继续前行"。一般的同学就到此为止了，本文作者，偏偏后面能加一句。这一句就是超越平凡的伟大，属于有个性，有创意。

肖石宗在《看得见的世界史古希腊·序言》道："在奥林匹斯山巅的众国度中，神和人一样，有善恶美丑，有喜怒哀乐，有爱恨情仇，也有因此引起的诸多纷争和神战。古希腊人恐怕是最接近神的人，而他们的尘世也和众神世界同样精彩。"

这就提示我们，写实要照顾到它们的虚；写虚就得渲染出他们的实；虚实常有相通之处的；写亘古不变的土石要关注到它们的分分秒秒的生命活力，写分分秒秒都在动的外物，就得看到它们永恒不变的内在本质，生与死、静与动都是相对而言的。

歌德又说："也不用担心个别特殊，引不起同情共鸣，因为每个人性格不管多么个别特殊，每一件事物描绘出来的东西，从顽石到人，都有些普遍性；因为各种现象都经常复现，世间没有任何东西只出现一次。"

【附录】

传统文化的内容一般可以细分为：

1. 传统节日：如春节元宵、端午清明、中秋重阳以及这些传统节日里的乡情鲜事。

2. 传统美德：常见的如爱民如子、舍生取义、乐善好施、惜时勤奋。罕见的珍惜字纸、习劳习苦、成人之美、以德报怨、秃笔成冢等。

3. 传统美食：如年糕、饺子、粽子等，尤其来自家乡的地方菜系及家庭的特色菜，充满浓浓的家乡味。

4. 传统艺术：剪纸、刺绣、木刻、版画、风筝、皮影戏、国画、书法、戏剧等。这些艺术品式常用的艺术手法——象征、留白、言外之意、对称与错综。

5. 方言：方言来历、方言词汇、方言使用中的趣事乐事。深圳是移民城市，班级学生也来自五湖四海，在外大家都用普通话交流，但回到家里，或与熟悉的朋友老乡一起，大家不自觉地用上亲切熟悉的方言。

6. 传统智慧：曹冲称象、春秋笔法、华佗再世、不战而屈人之兵。

7. 中国哲学：老庄无为、孔孟仁爱、白马非马、法家权变、王阳明"心学"。

8. 家乡的风土人情。

9. 诗词文化，古典名著。中华民族是诗的民族，几千年的文化典籍如璀璨的明星。

第三节 "读悟写"一体式教学"仿读仿写"项目实验报告

【实验目的】

读写的经验，是无数次仿读仿写实践筛选出并储存在大脑记忆中的重复映象，它们的重复，表征着实践提示的读写规律。

如果把"仿读仿写"比作写作教学的一条路径，那"读"——读课文是起点，"悟"——感悟提升是桥梁，"写"——仿写运用是呈现。在读中悟，在悟中写，充分利用课文，向课文学写作，实现读悟写一体化，这样才能更有效地培养学生阅读和写作能力，实现语文思维的形成，实现语文教学的目标。

【实验方式】

我们课题组分纵向对比，进行实验。

实验2018级1班学生进行试验，全班49位学生以教材课文、教师下水作文、学生的优秀作品做范文，让学生仿读仿写，从七年级的每课一个写作点的片断训练，一个单元的整篇文章的写作；八九年级的每个单元重点课文的整篇训练；九年级每个单元重点课文的整篇训练和中考专题训练相结合。经过三年的训练写出作文的在选材范围、立意境界、语言纯净，甚至是整体质量进行纵向比较，希望能够发现仿读仿写在写作能力有效提升中具体的促进作用。

初中语文"读悟写"一体式教学

【实验原理】

朱光潜在《谈文学》序言里说:"学文学第一间要事就是多玩索名家作品,其次自己多练习写作,如此才亲自尝出甘苦,逐渐养成一种纯正的趣味,学得一副文学家体验人情物态的眼光和同情。"

"多玩索名家作品"就相当于所谓的"熟读唐诗三百首,不会吟诗也会吟"的"熟读",它不只是机械反复,记忆加深,形成印象;还包括仿读——仿拟作者的情感、文字的腔调、意境的韵味。玩索以理解为基础,以感悟为目标,仿读也要如此。

"自己多练习写作",写什么?怎么写?没有范文,就等于在黑暗中摸索,事倍功半;如果能像梁衡说的"肚子里滚瓜烂熟的装上几十篇范文",就能循规为圆,依矩成方,进而方圆自如,为其所用。

一次仿读仿写训练是单一任务而不是进行多项任务,甚至是一个小段时间只专注于写一个题目的作文,甚至是作文训练中的一个目标。然后全心全意关注自己的目标任务,不完成目前的任务不要进行下一个。例如,老师仿写的范文《背影》,与朱自清先生的《背影》,呈现了一个女儿对母亲,一个儿子对父亲的深厚的感情,在对比赏析中,让学生感悟细节的描写,在小事中抒发自己的真情实感。

如果不在仿读仿写上面做功夫,读再多的写作理论也无济于事。

【实验步骤】

(1)仿读仿写的第一步是积累词句。俗话说,"巧妇难为无米之炊",这文章之"炊"就是由字词句的"米"组成的,要使自己的语言准确生动,就要有足够的后备词句供选择。比如鸟的一个动作"飞",就有许多不同的说法,燕剪春风,鹰击长空,雁横烟渚,莺穿柳带,不同的鸟就用不同的动词。不要搪塞应付,要用心揣摩大家名作的成功经验,选择适当的句子,进行适当的仿造,久而久之必定会能"仿中有创新"。朱光潜在《精进的程序》说"读每篇文字须在命意、用字、造句、布局各方面揣摩,字、句都有声义两方面,义固然重要,声音节奏更不可忽略。"既然叫仿读仿写,自己下笔就要如写字临帖一样,亦步亦趋的摹拟。滴水能穿石,积累多了,自己的词汇就丰富起来，语言就生动起来。

（2）仿读仿写的第二步是积累章法。韩愈在《柳子厚墓志铭》里说："衡湘后学者，经子厚口讲指画，文章法度皆有可观。"柳宗元散文的成功处就是把前人玄虚为"只可意会不可言传"的行文规矩，变成可以言讲，可以习练，可以掌握的思维思路等写作经验，而且渐渐的固定下来，变成后人模仿学习的章法。教材的文本有许多经典篇目，其章法近体易学，如《邹忌讽齐王纳谏》三问三思三比三进三遍，因果相循；《曹刿论战》围绕中心事件，层层递进，环环相扣，浑然一体；《我的叔叔于勒》先是无比期待，后是竭力避开，抑扬有致；朱自清的《春》画面组合，春草、春花、春风、春雨、春耕犹如春之韵的图展等。

（3）仿读仿写第三步为脱胎换骨而孕育准备。刘知几《摹拟》篇，把写作模仿分为貌同心异、貌异心同两种。初学者先求貌同心异，就是简单的机械模仿；再是文字相同，写法一致，符合事实，争取貌异心同。

脱胎是从旧的文章中孕育变化而创作新的文章，它从旧的文章中来，是有所继承的，它又经过了孕育变化，是有所发展的。脱胎是继承和发展的结合，脱胎的文章作者对生活有体会，是从生活中来的，所以会有变化发展，它又借鉴前人的文章，有所继承。

模仿是仿效写法，脱胎是继承用意，前者适用意不同而写法同，后者是写法不同而用意同。

强调仿读仿写，绝不是限制创造。写作的继承性是很强的。只有领会并彻晓前人的东西，才可能进一步创新。古代诗文中，许多名句都是推陈出新之作。梁衡说："宋代词人秦观的'斜阳外，寒鸦万点，流水绕孤村'就是从那个暴君隋炀帝杨广'寒鸦千万点，流水绕孤村'的诗句里化来的。王勃'落霞与孤鹜齐飞，秋水共长天一色'，则投胎脱胎于庾信的'落花与芝盖同飞，杨柳共春旗一色'。"所以仿读仿写第三步是为脱胎换骨而做的孕育准备。

（4）教师在课堂同学生一起感悟梳理课文的读写融通点，教师也写下水作文。（见【实验成果对比展示】第一篇《背影》）。

（5）学生仿写，能理解感悟课文的写作点，学生能够把仿写的作文写活写实，写出感悟，写出发现，最后写出特色。

【实验数据】

实验班级是2018届1班的49位同学。两年下来，我们发现这个班级，优秀作文在数量、质量上都提高很大。

第一组数据：

表6-7

	月考中的35分作文人数	《麒麟》校刊发表文章	深港澳作文大赛	参加比赛获奖数量
初一	3	16	2	10
初二	7	25	5	18

说明：

（1）月考阅卷教师不是本校本年级教师，或者是由区全体初三老师流水作业。

（2）《麒麟》是学校专门发表学生优秀作文的校园刊物。

（3）参加比赛指去年教育行政部门的作文比赛（除深港澳作文比赛）。

从表中数字可以看出，学生的作文从初一到初二有了很大的进步，在全年级同样的比率下，班级作文高分和比率都在提升。第二组实验是2020届初三4个班220名学生。

第二组数据：

表6-8

	仿课文写做数量	仿同学写作数量
初一	24	4
初二	26	12

从数据可以看出，学生写作越来越好，学生作文成为仿写对象和范文的片数越来越多。

从学生作品来看，很多学生逐渐形成了自己的风格和特色。比如：谢泽丰同学的作文感情真挚且富有哲思；曾栋湘的文章立意较高，能关注社会的发展；黄嘉琪同学的作文，善于用景物来衬托情感；林漫祺的作文，语言优美，写景细腻，读来美不胜收；戴子涵的作文善于心理描写和场景描写；李易樵的作文，细节细腻，人物逼真。

总之，经过两年的训练后，拿到学生的文章，不看名字，一读文章就知道这篇文章出自于哪个小作家。

【实验成果展示】

1. 教师作品

背 影

阳丽丽

记忆里，母亲从来没有拉过我的手，从来没有拥抱过我，似乎连笑都很少很少。在心底，一直认定母亲不喜欢自己。

很冷的冬天，我抱着冰冷的脚，蜷缩在单薄的被子里。忽然母亲推门而入，掀开被子，躺在床的另一头，扔来一句话："家里客人太多，今晚我就和你睡。"我窃喜，轻轻地把脚伸到了母亲的腋窝下。母亲一把就推开了我的脚，埋怨道："冷死人了。"我只能缩回自己的脚，继续蜷缩冰冷的身体，带着不解入眠。现在我都不明白，别人都可以搂着自己的妈妈睡觉，可是我却不能。

年轻时的母亲是位裁缝师，会做很多漂亮的衣服。很小的时候我的衣服总是最有特色的，母亲会将别人做完衣服剩余的碎屑的布料改成各种形状的纽扣，极其精巧，极其漂亮。

而我看得最多的也是她的背影。她总是坐在缝纫机前，时而低头，时而侧身，时而弯腰，脚用力地踩着缝纫机，在"哒哒哒哒"的富有音律的音律中，她的手也极有节奏的移动。不一会儿，凌乱的布料就成了一件很漂亮的衣服了。要不就是在用两张装稻谷的柜子拼成的工作台前裁剪，时而俯身瞄线，时而低头剪布，时而后退比划。那时的她年轻漂亮，两条乌黑的长辫垂到了腰间，像极了画像里的明星。那时的我虽不敢过分亲近她，但却是非常羡慕那双像燕子一样的巧手，能裁剪那么多姿的衣服。

在希望总能穿着母亲用剩布为我做衣服的幻想中，我和弟弟也都长大了。学费越来越贵，开销越来越大，市场上衣服越来越便宜，来找母亲做衣服的人越来越少，父亲的身体越来越差。

为了维持生活，母亲开始开垦梯田，开始租种别人家的田地。在我读高中的时候，家里似乎就种了八亩田。每年稻田收割两次，农忙的时候，凌晨三点就要起床，一直干活到上午九点回来吃早饭，接着就要马上出去，一直打禾到正午一点。稍微休息一下，下午三点半就又要出去，往往是八点左右才能回。年少的我总是以学校补课为由，躲避母亲，躲避农活。现在想想，那时的我也真太自以为聪明了。

片段的农忙记忆里，依稀记得有次跟随母亲去大山深处开垦的梯田干活，回来时，天已微黑，母亲挑着箩筐走在前面，我疲惫不堪的跟在后面。跌跌撞撞中，母亲的步伐也慢了下来，不知道是什么东西割裂了母亲的右脚，长时间在泥水的浸泡中，她的脚已肿得像个包子，根本穿不下鞋。那天，她一只脚穿着凉鞋，那只肿脚拖着超肥的草鞋，一瘸一瘸的。忽然觉得母亲和自己心里深处的样子不一样了，全然没有了以前的秀气高挑，曾经颇有的设计师气质没有了一点踪影。或许是长期挑着重担，她的肩膀已经起了一层厚厚的茧，腰明显变粗变胖，头发也剪得很短短了。从后面望去极像一个男人的背影。岁月将那个有着一头乌黑的秀发的灵巧女子蜕变成了一个粗壮庸俗、实实在在的农妇。

时隔多年，在重重生活磨难之下，我终于理解母亲当年的"冷漠"，在那个贫穷的小山村，将两个孩子送进大学，需要多少她时间和精力去承受她难以承担生活之重，除了忙不完的背影，她哪里还有时间我们陪我们欢笑。

怀孕八月，母亲从老家过来照顾我。忽然闲下来的母亲总是不自在，两个单间被母亲擦了又擦，拖了又拖。听别人说仙湖植物园有个水井的水特别好喝，还含有丰富的矿物质，还有弘法寺大师的念语，对孕妇特别好。母亲神奇般地弄来了小拖车，每天早晚从仙湖植物园装两桶水回来。那日，我下班回来，上楼时，发现母亲已到二楼。她伛偻着背，吃力地拿着拖车。水桶圆圆的，绑得并不牢靠，她双手拿着拖车的两端，尽力的弯着腰，让背形成一个大大的拱桥，把水桶小半截纳入拱桥。看着她艰难地挪动着步子，我有些生气，呵斥她不要再去打水，我们可住没有电梯的五楼哈。她满是开心地笑："弘法寺很灵的，会保佑你和宝宝的。"

临近生产，有天晚上，我异常害怕，心中种种担心，于是跑去跟母亲同睡。很自然的，像小时候，我睡到另外一头。刚躺下，母亲就抱住我的双脚，把我的两只脚搂入她的怀里，嘟囔一句："怎么这么凉？"

那一刻，我的泪喷涌而出，缠绕在心头的委屈、遗憾、不满，烟消云散，脑海里又浮现那个扎着麻花辫，优雅地裁剪衣服的背影。

2. 学生作品

背 影

吴顺意

每当我望向窗外，我总会想起那个被太阳晒得黝黑的背影。

小时候，有一次父母因事外出，留下我孤身一人待在家中。我只身一人坐在空旷的阳台上，欣赏着夕阳的余晖带来的美丽。夕阳的余晖洒在了山间的河流，耸入云端的摩天大楼，及绿油油的草地之上。目光所及之处，皆被笼上一层金黄色。眼前的这番景色，也不禁让我联想到了唐代诗人李商隐写的"夕阳无限好，只是近黄昏。"

当我沉醉于眼前的这番美景之时，一个身影忽然出现在我的窗前。

定睛一看，这个大叔是顺着绳索向下降落停在我的窗前。我无比震惊，问道："你是蜘蛛侠？"他面带笑容，不紧不慢地说道："我可不会吐丝哟！"

我将他从头到脚考量了一遍，他头戴黄色安全帽；他那黝黑的手臂上那几点白色的油漆显得十分突兀；他那看起来粗糙不堪的双手上布满了各式各样的新茧老茧；他的裤腿被墙壁磨的发亮闲的十分破旧，脚上穿着一双既过时又老旧的帆布鞋。原来，他是外墙补漆工——传说中，行走在墙上的"蜘蛛侠"。

他往旁边继续刷漆，我伸出脑袋，只能看见他工作的半个背影。

他提起手中的油漆桶，拿起刷子规律地在墙壁上来回粉刷刷上一层洁白的白色，绳索在他的用力下，一会儿往左，一会儿往右。我的心也随着绳索一左一右地摇晃："小心点哈。"。他背上的衣服已经全部被汗水浸湿，布上了一层深深浅浅的白灰印，石灰与散乱在背上，分不清哪里是汗水，哪里是灰尘。终于，粉刷完毕，他脱下身上的反光背心，将他那被汗水浸湿了的T恤衫往兜里一塞，又接着向下继续工作。

夕阳的余晖散下来，整个大楼沐浴在金色的阳光之中。他的布满灰尘的头发在太阳下闪闪发光，我轻轻说道："注意安全。"他抬起头，憨憨一笑："谢谢，快读书吧。"然后留给我一个弯曲俯身的背影。

每次我望向窗外，那个坚毅的辛苦的背景就会浮现在我的眼前。

背 影

谢越洋

春姨是我们家的第一个阿姨，也是我们家的远房亲戚。为人憨厚，老实，就是说话时嗓门有点大，我怪不喜欢她那大大咧咧，嗓门大吼的样子，对此与她闹过不少矛盾。

现在长大回忆起小时，我真是太不珍惜，太把自己当回事了。

春姨是农村出来的，所以衣着品味极其糟糕，不是一朵一朵大红花镶在布料上，就是黄黄绿绿的花纹配上荧光颜色的底布，真是难看极了！碰巧那时年少，不知怎的很爱面子，我很是嫌弃春姨，只会觉得我跟着她走在大街上丢面，更不希望让同学们知道我有这么土的阿姨。以至于在外头，我常避开她。迫不得已我俩一起出行时，我也是离她远远的。

现在想想，甚是后悔。

不知你们在小时候喜不喜欢喝水，反正我不喜欢，祖母曾说过这么一句话："你从小就是牛奶泡大的"。

上学时，春姨次次都会替我细心的装好温水，那种刚刚好的入嘴温度，不烫不凉。而我总会不以为然，有时是一整天都不在意座位上书包两侧袋子里的水杯，不去理睬它，有时是干脆直接把水杯从书包里拿出，放回餐桌上，不带去学校。

春姨每次都会帮我送来学校。而我记忆最深的是这一次——

那天，透过教室的窗外，天空下着大雨，正在上早读的我坐在教室里全神贯注地听老师讲课，突然教室的门被轻轻敲着，正在讲课的语文老师也礼貌性地打开门。我隐隐约约听到了门外传来了熟悉的略带有家乡口音的话，言语中所要表达的意思好像是把水壶拿给我。

老师眉头稍稍一皱，说道："好，请您下次不要在上课的时候打断我的教学。"说罢，便转身回到讲台上，把水杯放下，对我们说："你们都是四年级的同学了，不要因为你们所落在家里的物品而让你们的家人大老远送过来。"

当时我心里一紧，不好意思的低下了头，心里却在不停地抱怨送水的春姨。

下课了，我走出教室，看见了春姨一手牵着我不到三岁弟弟的小手，另一只手拎着湿淋淋的雨伞的把带，穿梭在追逐打闹地人群中。

走廊外依旧一片阴凉，乌云压城，有一场暴风雨要来临了。

弟弟矮小，她为了更好的牵住弟弟，向前弯曲着背。她的步伐稍跛，头发散落在背上，已经湿了一大半了。我不知道她在这样一个雨天，带着我的弟弟来给我送水杯，还让弟弟没有淋到一滴雨。

那一瞬间，我深感惭愧，内疚。我追上去说声谢谢，终究是挨不过面子。

现在，春姨没有在深圳这边帮忙带我弟弟了，我也只有在过年回到家乡时才能见的到她。

我时常会想起她，想起那个雨天为我送水杯的背影。

背 影

李潇洋

看到"背影"两个字,我的眼前总是浮现出奶奶那单薄、瘦削的背影。

奶奶很瘦,但她却干劲十足,很少有闲下来的时间。小时候,爸妈要上班,多数时间是奶奶带我,她做事的时候也带着我,所以我老跟在她的背后。奶奶喜欢穿碎花的衣裳,虽然瘦,却背脊挺直,让我莫名的安心和温暖。

上了初二,学业颇重,好久没有回去看望奶奶了。这周周末,还是忍不住,抽空回了一趟老家。突然发现奶奶真的老迈了。

满头的银发几乎找不出几根黑丝,背也高高拱起,把她的花衣裳都顶了起来。本就瘦小的身材似乎更瘦小了。我偷偷走到她的身后比了比,我已经高出奶奶挺多的了,一伸手,似乎都可以把奶奶抱起来。

坐在饭桌上,看着奶奶在厨房忙碌的背影。她的动作已经没有了往日的敏捷,她佝偻着背,连同她炒菜的手一起起伏,一高一低,好像背要把瘦瘦的小小的她裹住了。炒菜的时候,她的手收得慢了点,一粒油溅到了她的手背上。我赶忙进去帮忙,又被奶奶坚决地推出来,微笑着:"你还小,小心被烫着。"在奶奶的眼中,我应该永远是那个没长大、牵着她的衣角的小人儿吧。只得退出来帮忙做些摆放凳子的工作。在老家,每回饭菜上桌,我都会满心欢喜,因为奶奶从来不会忘记我喜欢的菜式。不论是配的菜,还是烹饪方式都分毫不差的,是我记忆中的模样。

到了半夜,突然听到有悉悉索索的响声。我朦胧睁开眼睛,只见昏黄的灯光下,奶奶戴着老花镜,弯着她的背,正低着头不知道在干什么。她那样的瘦弱,因为瘦,显得她的碎花衣裳异常宽大,她的衣袖滑到了手肘,露出了干瘦的手臂。

我一下子睡意全无,一骨碌爬起来,走上前去询问:"你在干什么,阿嬷?"

奶奶转过头来,像被发现秘密似的不好意思地说:"嗨,下午看见你衣服上破了个小洞,刚想起来就补一下,正好,你来了,帮我穿个针。"我连忙帮奶奶穿好针,责怪地说:"这一个小洞没事的,您该早点休息。"奶奶也只是微微笑了笑,接过针说:"冷,赶紧回床上去。"

我只好回到被窝,默默地看着奶奶的背影,看着她被拱起的背顶起来的花衣裳,突然心里一酸,眼泪涌了上来。我怕奶奶发现,赶紧抹掉泪水。奶奶已经八十六了,她还可以帮我缝几次衣裳呢?

我父亲是奶奶最小的儿子,所以我出生的时候奶奶已经七十二了。但那时候的奶奶显得很年轻,背也没有驼,其实想一想,那时的奶奶也不年轻了。但那时,她总给我一个忙碌又坚强的背影。记得有一次,天快黑了,奶奶从山上拖了一枝"巨大"的树枝回来,我跟在她的背后,望着她挺直的背影,心中满是对她的崇拜,那时候的奶奶多么生气勃勃啊。后来奶奶换窗帘的时候不慎从梯子上摔了下来,可能留下了暗伤,她的背渐渐驼了,再后来,她又摔了腿……

我多想请时光善待我的奶奶,让她不要再老下去。就在此刻,心头又涌现奶奶的背影,我的眼泪不可抑制地滴了下来。

背 影

黄嘉璐

太阳渐渐西沉,丝丝缕缕的阳光斜织下来,透过窗户,照进了我家的厨房,照在母亲的身上。

我倚在厨房门口默默地望着母亲。此时的母亲背对着我,正拿着抹布用力地搓洗着碗。她微微地弯着腰,稍稍俯身,利索地洗着碗,默默地快速地冲洗。哗哗的水声,和着目前有节奏的放碗声,像是一曲生活奏响曲。阳光洒在她的背上,洒在她的头发上。母亲的头发很多很黑,像瀑布一样随意地散落在她的背上,甚是美丽。忽然,一道耀眼的光芒刺到了我的眼睛。我用力地眨眨眼,定睛细看。原来是母亲的黑发中有几缕白发。那几丝白发夹杂在那一瀑黑发中,似乎在向我耀武扬威:"哼,你的母亲老了,我们很快就会占领这个领地的。"我的心瞬间被狠狠地抽了一下：是什么无情地染白母亲的黑发？

还记得有一次，那天外边下着雨，风呼呼的刮着，天气非常寒冷，我看见母亲正在灯下为我们赶织毛衣。昏黄的灯光笼罩着母亲，母亲一边织毛衣，一边指导弟弟写作业。她的双肩快速的交织着，一左一右，一高一低。那时母亲的头发黑得发亮，扎成一个马尾搭在她的背上，随着母亲的背上跳跃，活泼可爱。许久母亲缓缓的转过身来，把她那手中织的衣服套在我身上，我心里顿暖暖的，母亲的爱就像寒冬里的太阳温暖我的心房。

还曾记得在上幼儿园时，母亲送我进去之后，轻轻地对我说："在幼儿园要乖，听老师的话。"母亲只给我留了一个匆匆的背影，去忙她的工作，忙她的家务……

我忽然明白，是因为我们，是因为为了我们操劳。在留给我们的一个个背影中，我们长大了，岁月染白了母亲的黑发，弯曲了母亲的背。

太阳落山了，在我的心里印下了一个金黄色的背影。母亲的爱无私的阳光，不会吝啬任何一处地方，总会将无私的爱撒到每一个角落，将母亲的背影拉得那么那么长……

背 影

郑佳豪

窗外是一片白茫茫的雪，屋顶上厚厚的雪似乎随时将屋顶压垮的样子。冷酷的寒风无情的吹着这树上仅有的几片树叶。

随着寒风一阵阵吹来，雪又下得紧了。"阿秋"我这弱小的身子已经扛不住这鬼天气了。"这天气什么时候才能结束啊！"我坐在教室里抱怨道。

我的父亲是在工地搞装修的，我的母亲是工厂上班的。他们白天都在工作，只有晚上才回家，所以我一般是自己做家务的。昨天我刚刚把毛衣洗了，今早还没有干。爸妈都没在家我只能穿着单衣来学校，在教室里缩成一团。

妈妈时常还能陪我说说话，爸爸回来后一般只干四件事：吃饭、看新闻、洗澡、睡觉。每天早上，当我四眼惺忪地从床上爬起来，爸爸已准备上班。每次我都想跟爸爸道个别，可是从房子追出来，就只看见爸爸出门瞬间的背景：灰白的卡其麻衣，衣服上布满了粉墙的斑斑点点；蓬乱的头发，宽厚的后背。看着爸爸远去的背影我的眼泪就会忍不住流下来："什么时候爸爸才能与亲近些？"

第三节是体育课，室外的风猛烈地刮着，不停地往我身上灌，我哆嗦着，咬着牙跟着大家跑。只是班主任跑过来说："佳豪，去大门口，你爸爸来找你。"

我纳闷地往校门口走："我爸爸，搞错了吧。"我小跑着去校门，远远看到一个身影。在寒风中，他一动也不动，蓬乱的头发、宽厚如山的后背、斑斑点点的卡其麻布衣，伟岸而又孤独。

"爸。"我惊喜地喊道。"我回家拿工具，看到你毛衣放到沙发上，有点湿，我已经用吹风机吹干了。"爸爸边说，边从袋子里拿出衣服，"快点穿上，别冻着了。这周末，带你去买几件新的。"我

正当我想说些什么的时候，爸爸说："我要上班去了，照顾好自己。"他转身就往工地的方向走去。

望着爸爸远去的背影，我的眼泪又不禁流下。

（这五篇作品是学完朱自清先生的《背影》师生共写的作文）

第 一

王玉琦

在实验的跑道上，热血沸腾，激情四射。

"八一班斩浪向前，八一班勇争第一！"在同学们的欢呼中，我们似乎看见胜利随着风而来。

2019年11月21日上午8时，顶着热烈的太阳，身穿着相同的颜色的衣服，我们举着八一班的口号牌来到了操场，去年校运会，我们是第二名。

这一次……

是全班同学抱着必胜的心，来证明向大家看。八年级一班，早已蓄势待发。

加油吧，八一班。

这是一次看上平凡而不平凡的一场比赛。

站在起跑线上，阳光越发的灿烂，所有的选手意气风发，所有的观众都满心期待。听说我们班的人和六班的人比赛，我们随实力悬殊，但他们班的木木同学，据说曾经是4届跑步冠军，从到现在，无人超越。

我莫名的心慌，会成功吗？…..

"选手请准备，跑！"

伴随着一声枪响，选手出发了。开始了一场"刀锋上的对决"。看到我们班的一号选手黄耿斌，只见他玩命的跑，鞋在地面上摩擦的痕迹，这也只不过是个开始罢了。前半段他一直是遥遥领先，后半段出了点小意外，不小心栽了个跟头，我们吓的惊心动魄，只见他快速地恢复状态，打破了我们心中的僵持。

"倒数十五秒。"

老师吐出这几个字之后，只见他们疯狂的奔跑，狂风吹起了他们的头发，我们在旁边为他们喝彩，加油。

"3，2，1，冲。"

他率先冲过了终点，我们纷纷去扶他，递水，只见他站起来，问了老师一句话："我，我，我们赢了吗？"他疲惫不堪的说道，我们瞬间被他感动了。

"不管你跑的怎么样，你都永远是我们班的第一名。"

曾经多少个白天黑夜的期盼、曾经多少个日日夜夜的训练、曾经多少泪水和汗水，才换来的来之不易的第一名。

能不激动点吗？

没有付出，哪有成功？

（这是学完八年级上册《一着惊海天——目击我国航空母舰载战斗机首

架次成功着舰》，运用渲染的手法写的作品）

绿草礼赞

李潇洋

　　绿草看起来是不起眼的，也是弱小的，但它实在是不平凡的，我赞美绿草！

　　汽车在一条荒芜的大路上奔弛，这是初春的时节，远远扑入你的视野的，是浅渌色的一条大毡子。走到近处，却露出黄黑的土地，这真是"草色遥看近却无"。无边无垠，坦荡如砥。野火烧不尽，春风吹又生。一到春天就按捺不住星星点点地冒出头。

　　然而刹那间，要是你猛抬眼看见了前面远远有一片——不，或者只是三五块，一块，顽强地耸立，像哨兵似的绿草的话，那你的恹恹欲睡的情绪又将如何？我那时是惊奇地叫了一声的。

　　那就是绿草，漫山遍野极普通的绿草，然而实在是不平凡的绿草。

　　那是默默奋献的草，柔顺的叶子低低地垂着，像极了一个个温柔的小姑娘。它们通常又是力争上游的，只要有一点空隙，不管是石头缝，还是悬崖边，它们都努力的扎下根，并向上生长。即使毫不起眼，也要努力长成片，长成"林"。

　　这就是绿草，乡下极普通的绿草，然而决不是平凡的绿草。

　　它没有婆娑的姿态，没有屈曲盘旋的虬枝。也许你要说它不美。如果美是专指"婆娑"或"旁逸斜出"之类而言，那么，绿草算不得植物中的好女子。但是它朴质，团结，也不缺乏温和，更不用提它的坚强不屈与挺拔，它是植物中的奇女子。当你在积雪初融的土地上走过，看见平坦的大地上傲然挺立这么一块或一片绿草，难道你就只觉得它只是草？难道你就不想到它的朴质，严肃，坚强不屈，至少也象征了我们中国的白衣卫士？难道你竟一点也不联想到，在病毒肆虐的广大土地上，到处有坚强不屈，就像这绿草一样傲然挺立的守卫家乡的医生护士？难道你又不更远一点想到，这样靠紧团结，力求上进的绿草，宛然象征了今天在我们中国向疫区逆行的医护们，用生命和专业努力奉献的那种精神和意志？

绿草是不平凡的植物，它在乡下极普遍，不被人重视，就跟中国的医生相似，在没有生病的时候，谁也想不到他们；它有极强的生命力，磨折不了，压迫不倒，也跟中国的医生相似，中国的医生在平常的日子，不光要面对超时工作，还要面对医患紧张关系。我赞美绿草，就因为它不但象征了中国的医生，尤其象征了今天我们在疫情中所不可缺的朴质、坚强，力求上进的精神。

让那些对医生无礼、顽固的倒退的人们去赞美那贵族化的植物，却鄙视这极常见的绿草吧，我要高声赞美绿草！当病毒向泥石流一样滚滚而至的时候，他们是最后一道坚固的防线。

（仿写《白杨礼赞》）

雪

黄敏仪

漫漫长征，需征服眼前这座海拔千米、白雪覆盖的山，历经坚艰难，取得成功面对一切不禁感叹。

冷冽的冰霜贴在我国北方，隐隐的雾气模糊了现实中的世界，雪花漫天飞舞。白色凝固了我的双足，将目光化成一簇簇坚信的波澜，在苍白的心灵上荡缓，摇曳，摇碎了几许雪一般的梦境。

放眼望去，毫无尽头的长城上，昔日的战火所带来的伤痕早已被这圣洁治愈，早已染上了白。左右葱茏的树上撒洒了白色的花瓣，一年四季孤单的绿色只有在此时，才用略显温情。

黄河此刻被冻结，失去往常的波涛滚滚，变得沉寂。掩埋在白色的海洋中，也掩埋了往日的多情与喧嚣，尘俗在这一刻远离视线，雪终究会化去，终究阻碍不了母亲黄河的气势磅礴。

待到晴日，再高大巍峨的山也终将穿上红装，雪不再单调。婀娜多姿，阳光所及之处，冰霰晶莹的释放光彩与太阳交相辉映，唯美柔软，如此妖娆，从指缝中穿堂而过，洒落一地的挽留。

祖国大好江山，引得无数英雄纷纷为此倾倒。秦始皇、汉武帝帝与雪的文学诗意相比略显逊色；唐太宗宋太祖与雪的浪漫文采相比也略输一等；成吉思汗……只叹，一代枭雄落败于此，惋惜不足，人民的苦难。雪无言地离去，伫立了千年的执着，在顷刻间消失，像一瞬的烟花一样。

而如今，我们这一代人必须背负起创立新中国和复兴民族的伟大重任，过去的无法改变，请许我们编写未来。

夜色笼罩，垂暮时分，已看不清雪的影子。如果睡去，醒来也许就失去雪的踪迹，却迎来新的骄阳，雪等待千年，无数轮回体味多少痛苦，期待着盼望着新时代的开篇。

我相信雪是有身躯的，可她无法停留就像幻觉一样，只留下记忆里的沉淀。

我定不负你的期望。

（化诗为文《沁园春·雪》）

月 亮

林漫祺

正月十五，我望着天上的明月停住了脚步。

皎洁的明月倒映在平静的湖面中，四处静悄悄的，只能听见蛙鸣声。月光分外明亮。与穿过树林的微风一齐吸引着鱼儿付出湖水面。

一片柳叶落入湖水中，打破了这绝伦的意境，像月亮嚼碎了星星，散落在这闪耀的银河里。它们又慢慢结为一体，掉入在了我的心里。微风嬉笑起来，推动荡漾的湖面，一片片柳叶相继而落，让天上的月亮也像波纹一样缓缓流动。

它越升越高，仿佛这宁静的星空上万千的星辰，此时都只是衬托月亮的装饰品。这颗那颗，都不断拼命地眨呀眨，眨巴着水灵灵的大眼睛。月光像是守护住这万千星辰似的，沉着地发出微黄暖人心的光芒，只是让星星们用力射出光芒，组成美好的画，美好的夜。

抬头视之，她此刻是否也与我一样，在远眺着这一轮暖黄的明月？

忽然之间，随着风儿吹拂来一片乌云，遮盖了光芒，打破了宁静美好的夜空。星星慌乱探着脑袋，好像生怕离开了谁，不见了谁。月亮用力发着光，想让星辰们都看见，告诉他们不要害怕，我一直在这里。

空气有一股浓浓的草木花的清香，好温柔，温柔得将乌云慢慢融化而去。

那朵乌云总算消失了，消失不见了。月亮也不再像从前那样用力散发着刺眼的光，又恢复了原来的暖黄，像天上挂着一颗海底珍珠，或者说是女孩子口袋里的一颗糖。

一切都安静下来，渐渐又再一次像从前那样，又是那个宁静而繁星点点的夜晚。

而改变的，只是又从另一边悄然快要降落的明月，她也要学着太阳，躲入山边的那头了呀，星星依旧闪烁着光，这夜空闪闪的人间烟火中，显得分外惹人眼球。

月亮完全降入山间的那头，星星没有感到害怕，似是一同跟着她，围着她，保护她。

啊，我亲爱的母亲，你又何尝不似那明月，而我与兄弟姊妹们又何尝不似那明月，而我与兄弟姊妹们又何尝不似那明月，而我与兄弟姊妹们又何尝不似那星辰？当心中的烦恼来临，当您慢慢陷入岁月的轮回，我们又何曾不似它们？

夜深了，我不觉在温暖的月光中加快了脚步。

耕耘时光

林漫祺

喜欢蓝天上飘然的白云，悠然自在。偶尔在湖畔中照照，静静注视着云朵洁白柔软的身体，随春风轻轻拂过。

坐在林荫小院中，沏一壶香茶，品味一下远方山谷传来的鸟鸣声，尝口溪边流水的回音。深林中蔓延的土腥味儿一步一步向我伸展过来，这是个雨后的下午。

阳光悄悄爬上墙壁，捕捉蝴蝶的身影，感受花蜜的清甜，哺育冒头的竹笋。池边的杨柳随风飘荡，翠绿的枝条扎根在自然的心里；小金鱼伸展腰肢渐渐向我游来。

嘘，别说话，别惊醒还没有从美梦苏醒的青蛙。它不知道春来了，不知道凡尘间的杂事纷争，就这样静静地冬眠，静静享受着时光。或许忙碌之时，你也会想到要静下来，慢慢耕耘时光，耕耘未来。

田垄间，小小一株的蒲公英冒出了头，随着风儿摇曳着身体。让春风送走它的绒毛，旅行到很远很远的地方。

静下来，你听见了吗？你听见远方火车的鸣笛声了吗？列车都温柔地从轨道走过，一点点的，慢慢的。旅途中的人们谈笑风生，时间仿佛停止在这一刻，世间的一切都是美好的，美好事物时时环绕在身边。

好好感受一下幽静的时光吧。它看不见，摸不着，慢慢从你的身边流逝，从你的心里渡过；倘若你自己不好好感受一番，怕是完全发现不了它吧。

黄昏将至，山边那只老牛跑回圈子里，唯恐给夕阳吞了去！炊烟慢慢从天边升起，好像要把老牛漂浮到夕阳边，一同降入山的那一边。伴随而来的，还有在几里外都闻得到的米粒香味儿，叫人痴醉不已。

路旁田中的水稻缓缓低垂下了头，害怕着无尽黑夜的来临。孩子们也都归家了，看着天色慢慢暗沉。妈妈抱着心头宝贝，温柔似水地说："别怕啊别怕，夜晚给你带来无尽零散的星光，一出去，便散落在你的胸膛。"

我愿就这样静静地与你耕耘时光。

月 亮

谢泽丰

我仰望着夜空。

夜晚的星空总是那么、那么得美丽，令人陶醉不已。繁星点缀在天空中，漫天的星河，总不见其尽头。

月亮出来了。

圆圆的月亮，皎洁的月光洒在我的脸上，也挥洒在湖面上，平静湖面上泛着点点银光。"嗒"一声，一片落叶落入了湖面，平静的湖面荡起了微波粼粼，月亮在湖面上摇晃。

今天的月亮格外的明亮，在和星星在互相挑逗，零星的星星围罩着月亮，月亮笼罩的星星。

月亮到底像什么？

弯弯的月亮像小船，这是我儿时常认为的。圆圆的月亮像圆盘，这是古人认为的。可是月儿常常变化，阴晴圆缺。所以月亮到底像什么呢？

看着如同琉璃一般闪耀的夜空，我思索久矣。

此时，活泼的妹妹边跑边跳着过来，看着我在河边，笑了起来，对我说："你怎么对着月亮发呆呢？傻呆呆的，好搞笑哦。"

我慢慢地转过头，看了看可爱的她，稚气的脸上，露出了天真无邪的笑容。

我问："妹妹，你觉得这月亮像什么啊？"

我心中忽然想起一首诗"小时不识月，呼作白玉盘"，我以为妹妹也会有个像白玉盘和月饼的答案。

妹妹笑着回答"月亮还能像什么啊，月亮就是月亮啊。"

对啊，月亮就是月亮。中秋时，当圆月，其他时，当弦月。想什么样就什么样，不必活成别人所认为的样子，只需随心而活。活出自己的样子，活出自己的光亮。

河中的月亮，被落叶所荡漾，可是过了一会儿。水波不再荡漾了，河面上又呈现出那完整而又明亮的圆月。

人生经历了那么多的曲折，可最终还是还原成最初的样子。你就是你，我就是我，而月亮就是月亮。

做你自己吧，因为别人已经有别人在做了。

皎洁的月光照在我的脸庞上，也照入了我的内心。

（这三篇是仿写《紫藤萝瀑布》）

我的母亲

谢泽丰

从小到大，听过母亲问过最多的问题，莫过于"想吃什么了"吧。

做饭——似乎应该是母亲的职业。

在童年时期，家中排行居中的她，却做着最重要的的活，吃过不少的苦。

"背着妹妹，干农活，打扫卫生，煮菜做饭……"母亲开始叙述着她的故事。那时的她就已经开始做饭了。

"待到舅舅和小姨都已经上初中了之后，我也开始工作了。"

母亲参加工作的第一份工作就是——做饭。

"来到了人生地不熟的城市，语言未免有些冲突。我完全不会听粤语，可偏偏这么不巧，这儿的人家都是讲粤语的。那儿有个小孩子，很可爱，刚开始学讲话，于是我也跟着他一起学。就这样，我也就学会了粤语。他们都很喜欢我的厨艺呢。"母亲是笑着说这段故事的。

我想：母亲应是喜欢做饭的。

"后来，我辞去了这份工，不甘如此，便继续奔波，来到了深圳，遇见了许许多多到现在都还有交集的人，也在这里找到了爱情。尽管长辈的反对，还是结了婚，生了孩儿。我便没有工作了，专心在家带娃。为我们姐弟俩洗衣做饭。"

母亲以厨房为舞台，围裙为道具，锅碗瓢盆为乐声。日复一日，年复一年。

我一直固执地认为母亲非常喜欢她的职业——做饭。

"妈妈，你是不是特别喜欢做饭？"曾经，我天真的问过母亲。

母亲却不说话，只是微微一笑，用手轻轻地摸着我的头。

在母亲日复一日的做饭生活中，我和姐姐都长大了。姐姐上了高中，我上了初中，姐姐住校，我也在学校吃中饭，父亲因为工作，也很少回家吃饭。母亲忽然空闲下来，空闲下来的母亲忽然很是不适应。

有天晚上，母亲忽然说："我也应该去找一份工作，可是，我又能做点什么呢？"她不同地重复着这几句话。那一霎那间，我看到了母亲头上冒出的丝丝白发，还有几条深深的皱纹肆意爬上了母亲的额头。

"这么多年来，母亲真的喜欢做饭吗？"我不由自主地怀疑。

终究，母亲还是出去工作了，她的工作仍然是——做饭。不过由给我们做饭，便变成了给小区的一户人家做饭。

"这个工作很轻松，这家人对我很好，尤其是他家的孩子特别喜欢吃我做的饭菜。"

母亲在谈起这份工作时，脸上依旧荡漾着笑容。也许是因为被需要，也许是觉得自己的工作有价值，也许是因为喜欢做饭吧。

可是，母亲，你真的喜欢做饭吗？

(八年级上册第二单元专题作文《人物传记》)

背　影

蒋佳蔚

暑假时回家乡看望外婆，到家时大包小包地放下，不一会儿就挤满了颇具年代感的硬木沙发。

外婆乐呵着拾掇东西，见了孩子们，倒比往日更有精气神，只是那因年轻时挑重担而微微弯曲的背，瘦得皮包骨头的身子令人无比心疼。

知道我们要回来，外婆早早去了街上买鸡鸭回来做饭。两只手提着鸡和鸭向厨房走去。那两只手爬满了岁月的沧桑，就像两块干皱的蛇皮笼着孱弱的躯干，细纹一层一层。她愈加缓慢的步履使我有了看清的机会，尽管那只是一幅背对着我的背影。

天气炎热，在屋内都似夏日的小太阳在散发着炽热的光，倏忽点燃空气中的燥热分子，上下窜动。可是那个背影竟然仍旧裹着一件棉绒背心，那件棉绒背心遮掩着她那瘦骨嶙峋的身躯。

我就那样怔怔地望着她，望着那个背影，我的心被深深地触动。心绪久久不能平复，就像往平静的湖面投下一块石头，砸碎了湖光之镜，泛起道道涟漪，一波接一波地在心中荡着。

厨房里烟雾缭绕，香气袭人。风，穿过幽窄的走廊，与那白烟纠缠在一块。外婆也从烟雾中踱出。渐渐地，那个身影与记忆中身影重合，她也是这样踱出来，用木碗盛着微微隆起的饭菜，轻声地唤着我的小名："蔚蔚，吃饭了。"

虽然，那时候的她步子虽也已有些蹒跚，但却还算轻盈。风，牵起她的银丝；泪，不自主地溢出——我八十岁的外婆哈。再也无法控制，背过身去，一蹦一跳地假装去找弟弟妹妹们……

第二天清晨，沸水冲顶的声音唤醒了还在熟睡的我们。原来，外婆清早又去赶了趟集市，带回了两只鸡，正在烧热水准备杀鸡。妈妈立即收拾好去帮外婆的忙。

外婆和妈妈在旁边的草坪上忙碌着。鸡似乎在用最后的力气扑打着翅膀，外婆用她的双手使劲搂住，身体向前倾，整个身子因用力过度而弯成了一座拱桥似的，竟也微颤起来。

我的眼再一次湿润，那个背影，小小的，再次触动了我的心弦。

（仿写朱自清《背影》）

读懂生命

蒋佳蔚

那一年，外公去世了，他倒在了他生活了大半辈子的院子里。自此，花香依旧，只是冥王手中多了一盏灯，而人间少了一个疼爱我的人。

犹记得母亲接电话的手，一直在颤抖。那时并不知晓真相的我看着母亲止不住的泪似汩汩而流的溪水十分不解。

我上前询问，母亲哽咽地将我支走。从未见母亲如此悲痛地抽噎的我也似乎猜到了些什么。父亲告诉我，外公去世了。

初闻，只觉脑袋有一块什么东西忽然炸裂开来，楞在原地，连悲伤都忘了。懵然之间，似乎置身他那生活的小房子：仍然有斑驳的煤灰紧紧粘附着颜色暗淡的墙，外公坐在那里，踩着足底按摩器，带着一副老花镜，顶着满头银丝，认真翻阅着报纸。

年前回家看他的模样依旧清晰地印在我的脑海里，那时候的他精气神十足。可，怎么说散就散了呢？

出殡那天，我们都身披白衣。母亲用那双微微发颤的手牵着我和弟弟，手掌湿湿的，热热的，浸透着每一条掌中的纹路，分不清究竟是我的汗还是母亲的汗。

不经意间，有颗泪"啪嗒"落在我手背上，抬头一看，母亲的眼眶全盈着泪，眼圈红红的，有些肿，鼻头也似乎被了红脂粉。她嘱咐我们不要乱走，自己忽然就捂着嘴，竭力不让自己发出大声响来，可从那喉头扯出的哽咽声还是一丝一丝地传入我的耳中。我也跟着流泪，却不知道如何才能安慰她，只好拍拍她的背安慰着她，那一刻，我觉得母亲就像一个孩子，外公的故去使她一下子失去了支撑。

是啊，无论她多大年纪，无论我和弟弟长到多大，在外公那里，她永远也是个孩子。

一个月以后，我们全家又被召回了家乡。这一次，离开我们的，是只有六十多岁的爷爷。我从不曾预料我的爷爷在毫无征兆的情况下，就这样悄悄地一个人离开了我们。我无法接受这一讯息，扭头去看父亲。

父亲很是冷静，冷静让我觉得害怕。他有条不紊的安排各种事情：叫妈妈给我和弟弟的老师请假，收拾一家四口的行装，交代在老家的叔叔请村里人帮忙等等。他冷静的安排着，似乎离去的不是他的父亲，他只是在帮助他的朋友在安排各种事宜。

我的心有点难受又有许些放松，父亲毕竟是男人，在处事面前永远比母亲坚强。

出殡的前一天，我无论如何都睡不着，悄悄地下床，悄悄地从房门探出脑袋。只见父亲一个人跪在大堂里，他默默地看着爷爷的照片，默默地流着眼泪。乡村的夜很黑，大堂的灯很暗，忽闪忽闪的灯光印着爷爷的照片，也印着父亲悲痛的脸庞。我不知道父亲已经跪了多久了，我不知道父亲此时心里在想着什么。为了生计，为了让我和弟弟有更好的教育，我们全家常年生活在外地。他脸上不断淌下的无言的泪水，似乎在诉说他内心难以抑制的悲伤和对爷爷永远都无法弥补的愧疚。母亲走了过来，她轻轻地拍了我一下："以后，你和弟弟不要再惹你爸生气了。"

是啊，现在父亲也是一个没有了父亲的孩子了。

这一刻，我忽然读懂了生命：无论我们愿不愿，我们终将会一天天长大，而我们的父母终将会一天天老去，生命就是这样在欢喜和悲伤中轮回下去。

那么在我们父母还未老去的时候，好好地爱他们……

（《秋天的怀念》《背影》《永久的生命》群文阅读"生命"专题作文）

【实验小结】

语言的积累是仿写的前提，摘读摘记是积累的基本方法。在阅读时，要学着摘读摘记，让自己有丰厚的语言积累和沉淀，"厚积薄发"在写作中同样适合。

初学写作，往往从课文开始，向课文的经典积累词段，学习课文的谋篇布局、细节写作、情感的表达、哲理的提升等。"天下文章一般高，看你会抄不会抄"，向锦弘写《对话》，他选取三组冲突，表现对话的价值高点。第一组冲突的双方分别是柳宗元和陶渊明，一个积极入世，一个消极避世，谁成熟谁幼稚？是人都不肯轻易做结论，本文作者做了，而且有根有据；第二组冲突的双方分别是愚公和智叟，世人皆知智叟不智，却不明白其深层原因，作者知道，而且讲清楚了；第三组冲突的双方分别是庄子和惠子，两个哲学家，世人都说他俩是对手，其实他俩是朋友，作者也在其中协调过。六位古人的故事都源自教材课文，摘章摘句，为表现对话冲突而选择叙事角度，时刻保持自己的观点态度，没有让人觉得不合适。

仿读仿写的目标是推陈出新，写出个性。沿用定法有其可取之处，但也存有不足，虽然这不是章法本身的毛病，但确实会障碍写作的进步。顾亭林的《日知录》里有一段论诗文字可以借鉴："诗文之所以代变，有不得不然者。一代之文，沿袭已久，不容人人皆道此语。今且千数百年矣，而犹取古人之陈言一一而模仿之，以是为诗可乎？故不似则失其所以为诗，似则失其所以为我。"

"不似则失其所以为诗，似则失其所以为我"，移植到写作领域，意思是不用固定的章法，就不能算是成熟的作品，全用固定章法，就会失去了自己的写作个性。写作的最高层级就是在仿读仿写中，实现作品的自创。文章有了自己的真情实感，有了自己独特的认识见解，方能有自己的灵魂。

本实验的核心是仿读仿写。谈及文学创作的经验，朱光潜说："古今大艺术家，据我所知，没有不经过一个模仿阶段的。第一步模仿，可得规模法度，第二步才能集合诸家的长处，加以变化，造成自家所特有的风格。"

古人和诗，只采用相同的韵脚和诗歌的章句，写自己的心绪和环境，属于仿格制，苏东坡就把陶渊明的每一首诗和了一个遍。文人创作走的也都是从学习固定的章法，到改变固有的章法，创出新的文法模式的路子。

学习优秀课文，更不能生搬硬套，要活学活用。梁衡在《警惕学习的异化》里援引小平同志的话说："你们查一查，我们三中全会以来所作的决定，哪一条是从马列主义的书上抄下来的，没有。但是你再查一查，我们哪一条是违反马列主义、毛泽东思想的，没有。"要旗帜鲜明的反对本本主义，反对形式主义的生搬硬套。

梁衡还写了《论"杨朔模式"对散文创作的消极影响》一文，对杨朔散文"物—人—理"的模式化写法做了客观评价，肯定他在历史上起过一定的积极作用，甚至现在还可以做中学生学习行文章法的模式之一，但毫不客气地指出杨朔模式千篇一律，上纲上线，其本质是一个"假"，流弊是一个"窄"。

文章写作易，写好难。就像画家吴冠中说的"美术，美术；术易，美难"。提倡文学艺术上的创新，一定要说真话，抒真情，景物不可生造，情感不能做作，要打破旧的模式，走出文学创作的新路子。

参考文献

［1］陈庆丽.初中语文阅读审美教育进阶路径［J］.中学语文教学，2019（11）：23-25.

［2］陈小娟.减负增效的初中语文课堂教学策略［J］.科教导刊（中旬刊），2020（07）：159-160.

［3］程宏英.核心素养下初中语文高效课堂的探究［J］.科学咨询（科技·管理），2020（07）：210.

［4］丁加成.初中语文阅读教学中授课教师应注意的几个问题［J］.中国科技信息，2010（03）：212-213.

［5］丁晓洁.初中语文作业的设计思路撷探［J］.成才之路，2019（19）：25.

［6］杜欣.初中语文如何备课［J］.赤子（中旬），2014（01）：262.

［7］杜迤.初中语文教学高效策略［M］.银川：宁夏人民教育出版社，2016.

［8］冯东黎，罗维希，李艳飞.中学语文教学论［M］.成都：四川大学出版社，2019.

［9］高文芳.初中语文词语教学点滴谈［J］.学周刊，2012（36）：50.

［10］郭俊辉.新课改下初中阅读教学有效性初探［J］.语文建设，2018，398（26）：16-19.

［11］郝丽琴.中学语文教学设计与案例分析［M］.合肥：安徽大学出版社，2015.

［12］何彩宏.关于初中语文备课的几点思考［J］.甘肃教育，2016（14）：125.

[13] 孔令童. 如何构建初中语文高效课堂 [J]. 科学咨询（教育科研），2020（05）：212-213.

[14] 李海庆. 初中语文阅读教学和写作教学有效结合研究 [J]. 学周刊，2020（17）：37-38.

[15] 李晓莹. 初中语文综合性学习策略分析 [J]. 求知导刊，2019（37）：76-77.

[16] 林昆鹏. 如何提高初中语文文言文阅读教学的有效性 [J]. 华夏教师，2020（20）：46-47.

[17] 鲁君建. 初中语文写作教学之探讨 [J]. 中国校外教育，2020（10）：34-35.

[18] 陆玲玲. 初中语文综合性学习中存在的问题及对策 [J]. 名师在线，2020（11）：53-54.

[19] 缪佳芹. 初中语文教学理念创新与实现思路 [J]. 语文建设，2017：15-16.

[20] 欧阳中华. 谈现代汉语新词语在初中语文教学中的应用 [J]. 华夏教师，2020（12）：92.

[21] 潘劲松. 核心素养背景下初中语文群文阅读教学探究 [J]. 科学咨询（教育科研），2020（08）：270.

[22] 尚向怀. 如何提升初中语文阅读教学的有效性 [J]. 文学教育（下），2020（07）：101.

[23] 邵红立. 中学语文教学实践研究 [M]. 成都：电子科技大学出版社，2015.

[24] 盛花云. 初中语文教材与写作训练有效结合的探索与实践 [J]. 语文教学通讯·D刊（学术刊），2018（03）：17-19.

[25] 石楠. 初中语文古代经典阅读教学策略 [J]. 语文建设，2018，402（30）：30-32.

[26] 孙德玉. 探寻初中语文教学之路 [M]. 成都：电子科技大学出版社，2014.

［27］陶菁.初中语文阅读教学优化策略［J］.文学教育（上），2020（07）：108-109.

［28］涂建军.初中语文自主学习能力培养策略［J］.江西教育，2018（36）：14.

［29］王全成.初中语文生态课堂的构建［J］.课程教育研究，2020（19）：34.

［30］王羽.初中语文阅读和写作教学有效结合研究［J］.中国农村教育，2020（17）：98，101.

［31］谢青.创建初中语文高效课堂的有效策略［J］.科学咨询（教育科研），2020（06）：211.

［32］邢嫣.谈初中语文教学的有效备课［J］.现代语文（教学研究版），2016（11）：113-114.

［33］徐建军.国学经典与初中语文教学深度融合的实践研究［J］.语文建设，2018，395（23）：76-78.

［34］杨桂平.初中语文教学的技巧及创新教育分析［J］.教育评论，2018，（10）：4.

［35］杨学斌.浅谈初中语文教学中学生写作策略指导［J］.才智，2020（16）：74.

［36］姚赛梅.初中语文写作教学策略［J］.课程教育研究，2020（11）：73-74.

［37］袁伟东.初中语文教学中学生自主学习能力的提升策略探析［J］.名师在线，2020（12）：56-57.

［38］张剑飞.从生命教育视角谈初中语文教材选文［J］.课程教育研究，2018（07）：27.

［39］张双琴.初中语文作业布置的有效策略探究［J］.课程教育研究，2020（20）：54-55.

［40］张兴田.浅谈初中语文教学中的方言词语［J］.中国教育学刊，2018（S1）：114-115.

［41］周建标.基于活动设计的初中语文课堂教学策略［J］.语文建设，2018，382（10）：32-35.

［42］周远兴.初中语文教学与高效课堂策略［M］.成都：四川大学出版社，2015.

［43］祝伊.初中语文阅读教学现状及优化策略研究［J］.华夏教师，2020（17）：61-62.

［44］王满英.与文本对话与生命共舞——"'品悟写'合和式"语文教学策略概述［J］.语文月刊，2010（06）：4-6.

［45］朱泉辉.基于教学实践的名著整本阅读实施路径［J］.语文天地，2019（02）：12-13.

［46］石群.建构整本书阅读课程体系的思考［J］.小学教学参考，2019（01）：10-12.

［47］蒋雁鸣.立足"四基"，构建"三种课型"——整本书阅读的教学内容与课型例谈［J］.新课程评论，2019（02）：15-22.

［48］樊颖.借助三种课型推进名著的整本书阅读——以《海底两万里》为例的阅读策略指导［J］.语文学习，2018（05）：4-6.